四特 教育系列丛书 SITEJIAOYUXILIECON

U0683507

行动写作指导

萧 枫 姜忠喆◎主编

特约主编： 庄文中 龚 玲
主 编： 萧 枫 姜忠喆
编 委： 孟迎红 郑晶华 李 菁 王晶晶 金 燕
刘立伟 李大宇 赵志艳 王 冲
王锦华 王淑萍 朱丽娟 刘 爽
陈元慧 王 平 张丽红 张 锐
侯秋燕 齐淑华 韩俊范 冯健男
张顺利 吴 姗 穆洪泽
左玉河 李书源 李长胜 温 超
范淑清 任 伟 张寄忠 高亚南
王钱理 李 彤

"四特"
教育系列丛书

吉林出版集团有限责任公司

图书在版编目（CIP）数据

行动写作指导/《"四特"教育系列丛书》编委会
编著．－－长春：吉林出版集团有限责任公司，2012.4
（"四特"教育系列丛书/庄文中等主编．学生阅
读与作文方法指导）
ISBN 978－7－5463－8701－7

Ⅰ．①行…　Ⅱ．①四…　Ⅲ．①作文课－中小学－教学
参考资料　Ⅳ．①G634.343

中国版本图书馆 CIP 数据核字（2012）第 043995 号

行动写作指导

责任编辑	孟迎红　蔡宏浩	
责任校对	赵　霞	
开　　本	690mm×960mm　1/16	
字　　数	250 千字	
印　　张	13	
版　　次	2012 年 4 月第 1 版	
印　　次	2017 年 6 月第 1 版 第 2 次印刷	
出　　版	吉林出版集团股份有限公司	
发　　行	吉林音像出版社有限责任公司	
	吉林北方卡通漫画有限责任公司	
地　　址	长春市泰来街 1825 号	
	邮　编：130062	
电　　话	总编办：0431－86012906	
	发行科：0431－86012770	
印　　刷	北京龙跃印务有限公司	

ISBN 978－7－5463－8701－7　　　　　定价：39.00 元

前　言

　　学校教育是人一生中所受教育最重要组成部分,个人在学校里接受计划性的指导,系统地学习文化知识、社会规范、道德准则和价值观念。学校教育从某种意义上讲,决定着个人社会化的水平和性质,是个体社会化的重要基地。知识经济时代要求社会尊师重教,学校教育越来越受重视,在社会中起到举足轻重的作用。

　　“四特教育系列丛书”以“特定对象、特别对待、特殊方法、特例分析”为宗旨,立足学校教育与管理,理论结合实践,集多位教育界专家、学者以及一线校长、老师们的教育成果与经验于一体,围绕困扰学校、领导、教师、学生的教育难题,集思广益,多方借鉴,力求全面彻底解决。

　　本辑为“四特教育系列丛书”之《学生阅读与作文方法指导》。

　　阅读能力被著名教育家苏霍姆林斯基称之为学习技能的五把刀子之一,它不仅是语文学习能力的主要构成因素,也是训练学生的表达能力的重要途径,还是一切智力活动的基础。因此,有效阅读一直就是语文教学的核心,要提高语文能力,提升语文素养,必须加强有效阅读。

　　作文是人们交流思想和社会交际的重要工具。生活在现实社会里,无论你从事什么行业,都离不开写作,写作是人类生活的基本工具,是每一个社会成员搞好各项工作必须应具备的一种起码素质。本书从肖像、语言、行动、心理、场面、景物、静态、状物、抒情和话题等方面,为广大青少年提供了实际指导和范文阅读,使大家不仅可以学到作文的知识,还能感受到好词好句好段中所蕴含的优美意境,能够受到精神的陶冶。

　　本辑共20分册,具体内容如下:

　　1.《肖像描写阅读指导》

　　肖像描写即描绘人物的面貌特征,它包括人物的身材、容貌、服饰、打扮以及表情、仪态、风度、习惯性特点等。肖像描写的目的是以“形”传“神”,刻画人物的性格特征,反映人物的内心世界。描是描绘,写是摹写。描写就是用生动形象的语言,把人物或景物的状态具体地描绘出来。这是一般记叙文和文学写作常用的表达方法。本书针对学生如何高效阅读肖像描写类文章进行了系统而深入的分析和探讨,并给予了切实的指导,对中小学生颇有启发意义。

　　2.《语言描写阅读指导》

　　语言描写是塑造人物形象的重要手段。成功的语言描写总是鲜明地展示人物的性格,生动地表现人物的思想感情,深刻地反映人物的内心世界,使读者“如闻其声,如见其人”,获得深刻的印象。本书针对学生如何高效阅读语言描写类文章进行了系统而深入的分析和探讨,并给予了切实的指导,对中小学生颇有启发意义。

　　3.《行动描写阅读指导》

　　行动描写是刻画人物的手法之一,是塑造人物的主要手段。行动是人物思想性格的直接表现,因此,人物的行动描写就要善于抓住人物具有特征性的动作,从而展示人物的精神面貌,反映人物的性格特征,塑造出个性鲜明的人物形象。本书针对学生如何高效阅读行动描写类文章进行了系统而深入的分析和探讨,并给予了切实的指导,对中小学生颇有启发意义。

4.《心理描写阅读指导》

心理描写是指在文章中,对人物在一定的环境中的心理状态、精神面貌和内心活动进行的描写。是作文中表现人物性格品质的一种方法。最常用的是描写人物的内心独白,写出人物的所思所想,让人物一无遮掩地吐露自己的心声,说出他的欢乐和悲伤、矛盾和愁郁、忧虑和希望,使读者穿透人物外表,看到人物的内心世界。本书针对学生如何高效阅读心理描写类文章进行了系统而深入的分析和探讨,并给予了切实的指导,对中小学生颇有启发意义。

5.《场面描写阅读指导》

场面描写,就是对一个特定的时间与地点内许多人物活动的总体情况的描写。它往往是叙述、描写、抒情等表述方法的综合运用,是自然景色、社会环境、人物活动等描写对象的集中表现。场面描写要表现出一种特定的气氛要综合运用记叙、描写、抒情、议论等表达手段,以及映衬、象征等多种手法,这样才能使场面变成一幅生动而充满感染力的图画。本书针对学生如何高效阅读场面描写类文章进行了系统而深入的分析和探讨,并给予了切实的指导,对中小学生颇有启发意义。

6.《景物描写阅读指导》

景物描写,是指对自然环境和社会环境中的风景、物体的描写。景物描写主要是为了显示人物活动的环境,使读者身临其境。本书针对学生如何高效阅读景物描写类文章进行了系统而深入的分析和探讨,并给予了切实的指导,对中小学生颇有启发意义。本书不仅提供了学生有效阅读同范文,还提供了相应的阅读把握方法等,具有很强的系统性、实用性、实践性和指导性。

7.《风俗描写阅读指导》

风俗习惯指个人或集体的传统风尚、礼节、习性。是特定社会文化区域内历代人们共同遵守的行为模式或规范。风俗由于一种历史形成的,它对社会成员有一种非常强烈的行为制约作用。风俗描写主要包括民族风俗、节日习俗、传统礼仪等等。本书针对学生如何高效阅读风俗描写类文章进行了系统而深入的分析和探讨,并给予了切实的指导,对中小学生颇有启发意义。

8.《记叙文阅读指导》

阅读记叙文必须注意把握文章的基本要素,理清记叙的顺序以及线索,准确理解记叙中的描写议论和抒情。只有这样,才能从整体上全面把握记叙文的内容,理解作者的写作意图和文章所反映的中心思想。本书针对学生如何高效阅读记叙文进行了系统而深入的分析和探讨,并给予了切实的指导,对中小学生颇有启发意义。

9.《抒情散文阅读指导》

抒情散文主要是抒发作者对现实生活的感受、激情和意愿。抒情散文抒发的是怎样的感情。如何抒发,都与文章揭示的思想意义是否深广有极大的关系。本书针对学生如何高效阅读抒情散文进行了系统而深入的分析和探讨,并给予了切实的指导,对中小学生颇有启发意义。本书不仅提供了学生有效阅读同范文,还提供了相应的阅读把握方法等,具有很强的系统性、实用性、实践性和指导性。

10.《话题性范文阅读指导》

话题性文章一般与学生的生活实际联系的最紧密,学生应该有话可写。但由于话题比较宽泛,要出采也不容易。写作的关键在于把话题转化,或化大为小,或化抽象为具体。本书针对学生如何高效阅读话题性文章进行了系统而深入的分析和探讨,并给予了切实的指导,对中小学生颇有启发意义。

11.《肖像写作指导》

肖像描写即描绘人物的面貌特征,它包括人物的身材、容貌、服饰、打扮以及表情、仪态、风度、习惯性特点等。肖像描写的目的是以"形"传"神",刻画人物的性格特征,反映人物的内心世界。描是描绘,写是摹写。描写就是用生动形象的语言,把人物或景物的状态具体地描绘出来。本书针对学生如何提高肖像描写类作文写作水平进行了系统而深入的分析和探讨,并给予了切实的指导,对中小学生颇有启发意义。

12.《语言写作指导》

语言描写是塑造人物形象的重要手段。成功的语言描写总是鲜明地展示人物的性格,生动地表现人物的思想感情,深刻地反映人物的内心世界,使读者"如闻其声,如见其人",获得深刻的印象。本书针对学生如何提高语言描写类作文写作水平进行了系统而深入的分析和探讨,并给予了切实的指导,对中小学生颇有启发意义。

13.《行动写作指导》

行动描写是刻画人物的手法之一,是塑造人物的主要手段。行动是人物思想性格的直接表现,因此,人物的行动描写就要善于抓住人物具有特征性的动作,从而展示人物的精神面貌,反映人物的性格特征,塑造出个性鲜明的人物形象。本书针对学生如何提高行动描写类作文写作水平进行了系统而深入的分析和探讨,并给予了切实的指导,对中小学生颇有启发意义。

14.《心理写作指导》

心理描写是指在文章中,对人物在一定的环境中的心理状态、精神面貌和内心活动进行的描写。是作文中表现人物性格品质的一种方法。最常用的是描写人物的内心独白,写出人物的所思所想,让人物一无遮掩地吐露自己的心声,说出他的欢乐和悲伤、矛盾和愁郁、忧虑和希望,使读者穿透人物外表,看到人物的内心世界。本书针对学生如何提高心理描写类作文写作水平进行了系统而深入的分析和探讨,并给予了切实的指导,对中小学生颇有启发意义。

15.《场面写作指导》

场面描写,就是对一个特定的时间与地点内许多人物活动的总体情况的描写。它往往是叙述、描写、抒情等表述方法的综合运用,是自然景色、社会环境、人物活动等描写对象的集中表现。场面描写要表现出一种特定的气氛要综合运用记叙、描写、抒情、议论等表达手段,以及映衬、象征等多种手法,这样才能使场面变成一幅生动而充满感染力的图画。本书针对学生如何提高场面描写类作文写作水平进行了系统而深入的分析和探讨,并给予了切实的指导,对中小学生颇有启发意义。

16.《景物写作指导》

景物描写,是指对自然环境和社会环境中的风景、物体的描写。景物描写主要是为了显示人物活动的环境,使读者身临其境。本书针对学生如何提高景物描写类作文写作水平进行了系统而深入的分析和探讨,并给予了切实的指导,对中小学生颇有启发意义。本书除了提供各种作文的方法外,还提供了大量的好词、好段、好句供广大学生作文时参考借鉴,因此具有很强的系统性、实用性、实践性和指导性。

17.《静态写作指导》

在写物的静态时,我们要尽量去发掘这一静物的动态。如果我们要状写这些不可能有动态的物,那么,我们要去发现他们的质感和有活力的部分。如果我们抓住这些来写,那么,那些静静躺在盘子里,平平睡在盒子里的东西也会生出许多引人的魅力来。总之,我们写物的静态时,要尽量找些鲜活的因素来描上几笔,而且,这几笔往往是最最传神的。本书针对学生如何提高静态描写类作文写作水平进行了系统而深入的分析和探讨,并给予了切实的指导,对中小学生颇有启发意义。

18.《状物写作指导》

状物类作文,以"物"为描述的中心和文章的线索,或寓情于物,或托物言志,融知识性与趣味性于一体,表达文章的题旨。这是学生喜闻乐见的一种写作形式。因此,加强状物类作文的指导,既是学生的一种心理需求,也是新的课程标准的目标之一。本书针对学生如何提高状物类作文写作水平进行了系统而深入的分析和探讨,并给予了切实的指导,对中小学生颇有启发意义。

19.《抒情写作指导》

写抒情散文,重在"情"字。一篇文章要打动读者的感情,作者首先要自己动感情,把感情融注到字里行间。作家魏巍说过:"写好一篇东西,能打动人心,就要把心捧给读者。"把心捧给读者,就是要吐真情,有真意,让情真意切的行文去感动读者。本书针对学生如何提高抒情散文写作水平进行了系统而深入的分析和探讨,并给予了切实的指导,对中小学生颇有启发意义。

20.《话题写作指导》

要想写好话题作文,除了审题命题外,要注意选择自己最熟悉的事情,用自己真实的感情,另外还要选择自己应用得最拿手的文体,需要注意的是,话题作文也要注意体裁的确定,虽然作文的要求是让你自由选择文体,但是你一旦选择了某种文体,就一定要体现这种文体的特点,切不可写成四不象的作文来。总之,话题作文的写作给了你发挥自己写作优势的天地,只要选择自己最擅长的去写,你就会取得不错的成绩。本书针对学生如何提高话题作文写作水平进行了系统而深入的分析和探讨,并给予了切实的指导,对中小学生颇有启发意义。

由于时间、经验的关系,本书在编写等方面,必定存在不足和错误之处,衷心希望各界读者、一线教师及教育界人士批评指正。

编者

目　录

第一章

行动写作指导

1. 什么叫行动描写

行动描写是对人物举止、动作、行为的描写。行动描写可以解释、表现人物的性格和心理，行动描写能够表现人物性格、心理、神态。

通过语言文字表现人物自身在矛盾斗争中的行动，来展示人物的性格特征和精神面貌的描写。在文学作品中，人物行动描写是塑造人物的主要手段。茅盾说："人物的性格必须通过行动来表现。"又说："既然人物的行动是表现人物性格的主要手段，那么，人物性格是不是典型的，也就要取决于这些行动的有没有典型性。"

人物的每一行动都是受其思想、性格制约的，因此，具体细致地描写某一人物在某一情况下所作出的反应——主要是动作反应，就势必显示出了这一人物的内心活动、处世态度、思想品质。成功的动作描写，可以交代人物的身份、地位，可以反映人物心理活动的进程，可以表现人物的性格特征，有时候还能推动情节的发展。

2. 行动描写的方法

行动描写是对人物的行为和动作的描写。"能把个人的性格、思想和目的最清楚地表现出来的是动作，人的最深刻方面只有通过动作才能见诸现实"（黑格尔《美学》），可见行动描写是反映人物思想、性格、心理等有效手段之一。成功的行动描写往往给人留下极为深刻的印象，孙悟空的抓耳挠腮，孔乙己的"排出九文大钱"都是行动描写的范例。那么怎样才能写好行动描写呢？

第一，要精心选择恰当的动词，描写人物富有个性的习惯性动作，以此表现人物的思想、性格。

如鲁迅的《药》中有这样一段描写：

……黑的人便抢过灯笼，一把扯下纸罩，裹了馒头，塞与老栓；一手抓过洋钱，捏一捏，转身走了。

作者对康大叔取钱的动作描写，用了"抓""捏"等动词，准确地写出了他接钱、数钱的熟练程度，生动地刻画了康大叔凶狠、贪婪、惯于敲诈的丑恶嘴脸。

第二，观察要细致入微，要善于捕捉人物细微的动作，以此反映人物的心理。

如巴尔扎克《守财奴》中的老葛朗台临终之时，当"十字架、烛台和银镶的圣水壶一出现"，不仅他的"似乎已经死去几小时的眼睛立刻复活了，目不转睛地瞧着那些法器"，就连"他的肉瘤也最后地动了一动"。这一动作方面的细节描写，鞭辟入里地揭示了老葛朗台对金钱的强烈占有欲望至死也没有改变。

再看孙犁在《荷花淀》中的一段描写：

女人的手指震动了一下，想是叫苇眉子划破了手。她把一个手指放在嘴里吮了一个。

作者用"震动"、"吮"两个动词准确、细致而生动地写出了水生嫂得知丈夫明天就要上大部队去的消息之后丰富、复杂、细腻的情感世界及其微妙的心理变化，一个关心丈夫，体贴丈夫，但又深明大义，顾全大局的思想进步的青年妇女形象跃然纸上。

第三，要描写人物连续性的动作，使描写富有动感，以此传神。

在鲁迅的《药》中的描写"抢""扯""裹""塞"几个动词，准确生动地表现了刽子手康大叔的蛮横态度，不耐烦的心情。"抓""捏"两个动词准确地写出了他接钱，数钱的熟练程度。这一连串的动作，十分形象生动地刻画出了康大叔凶残、贪婪的嘴脸。

在行动描写里，也可以适当地插入一些肖像描写。肖像描写是指对人物容貌、神情、姿态、服饰等外在特征的描写，它同样是刻画人物性格和心理的有力手段之一。成功的肖像描写能表现人物的社会地位、生活环境、思想情绪，提示人物的内心世界和性格特点。人的服饰也往往与人的性格、身份有关，能反映出一个人的追求、好恶。

这种肖像描写有许多。如鲁迅的《祝福》中的一段描写：

> ……头上扎着白头绳，乌裙，蓝夹袄，月白背心，年纪大约二十六七……

曹雪芹在《林黛玉进贾府》中的描写：

> 头上戴着束发嵌宝紫金冠，齐眉勒着二龙抢珠金抹额；穿一件二色金百蝶穿花大红箭袖，束着五彩丝攒花结长穗宫绦，外罩石青起花八团倭缎排穗褂；蹬着青缎粉底小朝靴。

虽然《祝福》句中有动词"扎"，《林黛玉进贾府》句中有动词"戴、勒、穿、束、罩、登"等，但这两句同样不是行动描写，而是对人物服饰的描写，属于肖像描写。前一句中"头上扎着白头绳"交代了祥林嫂新寡的悲惨境遇；后一句的肖像描写交代了贾宝玉是富家子弟的身份与地位。

行动描写的方法有许多种，有时不易辨识，对此我们应当引起足够的重视，不能人云亦云。

3. 行动描写的作用

(1) 凸现性格特征

我们首先来看看曲波在《林海雪原》中的一段描写:

> 于是他噗嗤一笑,磕了磕吸尽了的烟灰……慢吞吞、笑嘻嘻地吐了一口痰,把嘴一抹说道:"……你怎么知道我是共军呢?嗯?!你说说我这个共军的来历吧!"说着他朝旁边椅子上一坐,掏出他的小烟袋,又抽起烟来。

炉匠一说出杨子荣"不是胡彪,是共军",局势便危急得一触即发。杨子荣"笑"、"磕"、"吐"、"抹"、"说"、"坐"、"掏"、"抽"等一系列动作,把他沉着冷静、从容镇定、大智大勇的性格特征活灵活现地表现了出来。

(2) 反映内心世界

李汝珍在《镜花缘》中有这样一段描写:

> 众人连忙收拾。谁知小春、婉如忽然不见了,四处寻找,好容易才从茅厕找了出来。原来二人却立在净桶旁边,你望着我,我望着你,倒像疯癫一般,只管大笑;见了众人,这才把笑止住。

秦小春、林婉如得知考中才女后,竟反常地躲到茅厕里。两个"望",一个"大笑",正是他们极度喜悦时的反常动作,反映出其内心对功名的狂热追求。这一动作描写与《儒林外史》范进中举后的疯癫描写异曲同工。

(3) 突出作品主题

茅盾在《子夜》中有这样一段描写：

> 他蓦地一声狞笑，跳起来抢到书桌边，一手拉开了抽屉，抓住一枝手枪来，就把枪口对准了自己的胸口……窗外是狂风怒吼，斜脚雨打那窗上的玻璃，达达达地。可是那手枪没有放射。吴荪甫长叹一声，身体落在那转轮椅子里，手枪掉在地上。

小说中原来坚毅果断、刚愎自用、颇有魄力的吴荪甫至卷末竟然落得几欲自杀的困境。他的"狞笑"、"长叹"，他的歇斯底里的"拉"、"抓"、"对准"等动作，都有力地暗示着吴荪甫悲剧命运的认识意义——在半封建半殖民地的旧中国，民族资产阶级难逃失败的结局，靠民族工业来发展中国只能是幻想。

(4) 交代身份地位

曹雪芹在《红楼梦》中有这样一段描写：

> 刘姥姥……到了荣府大门前石狮子旁边，只见满门口的轿马。刘姥姥不敢过去，掸掸衣服，又教了板儿几句话，然后溜到角门前，只见几个挺胸叠肚，指手画脚的人座在大门上，说东谈西的。刘姥姥只得蹭上来问："太爷们纳福。"

挺胸叠肚者高人一等，与刘姥姥"掸"、"教"、"溜""蹭"等动作所体现的窘态形成对比。在对等级森严的封建制度的鲜明揭示中，不难看出刘姥姥身份的卑贱和地位的低下。

(5) 推动情节发展

塞万提斯在《堂·吉诃德》中有这样一段描写：

他浑身披挂，骑上驽骍难得，戴上拼凑的头盔，挎上盾牌，拿起长枪，从院子的后门出去，到了郊外……他一面说，一面踢动驽骍难得，托定长枪，一道电光似的直冲下山坡去。

堂·吉诃德每次"骑马"、"戴盔"、"托枪"、"直冲"这一系列富有特征性、戏剧性的行为都成为一连串荒唐可笑事件的前导，动作描写具有凸现性格和推动情节的双重功能。

4. 行动写作的技巧

(1) 描写具体
请看下面两段话：

原句："王敏每次听课都十分认真，非常专心。她从来不做小动作，也不和旁边的同学说话，把老师讲的都记住了。"

改句："上课时，王敏总是很认真地听讲。她面对黑板，腰板直直地挺着，双脚成九十度平踏在地上，眼睛睁得圆圆的盯着老师和黑板，有时还眨巴着眼睛思考，有时边听边点着头记。"

这两段话，第一段，王敏怎样认真听课的行为动作没有写具体，所以读者看不出王敏怎样认真的样子。第二段写出了王敏在听课时身子怎么坐，双手怎么放，眼睛怎么看，从而把王敏认真听课的样子描写得栩栩如生，显得非常具体、真实。只有细致生动地写出人物的动作，才能具体表现人物的思想性格。

（2）动作描写要细致分解

传统的武打动作或电视镜头，往往把一种行为分解成若干个部分，把一个大动作细化为几个小动作，然后分别对每一个部分、每一个小动作按一定层次具体展示或描写，使整个动作行为栩栩如生。

例一：《从百草园到三味书屋》中的"雪地捕鸟"：

扫开一块雪，露出地面，用一枝短棒支起一面大的竹筛来，下面撒些秕谷，棒上系一条长绳，人远远地牵着，看鸟雀下来啄食，走到竹筛底下的时候，将绳子一拉，便罩住了。

这里"扫"、"露"、"支"、"撒"、"系"、"牵"、"拉"、"罩"等动词，把捕鸟的动作——分解开来，形象生动，让我们一看就明白捕鸟的过程或方法是怎么一回事。

例二：—朱自清《背影》：

我看见他戴着黑布小帽，穿着黑布大马褂，深青布棉袍，蹒跚地走到铁道边，慢慢探身下去，尚不大难。可是他穿过铁道，要爬上那边月台，就不容易了。他用两手攀着上面，两脚再向上缩；他肥胖的身子向左微倾，显得努力的样子，这时我看见他的背影，我的泪很快地流下来了。

这是写父亲穿过铁道为儿子买橘子的一段文字。"蹒跚"地走，说明父亲身体肥胖，走路摇摆。两手的动作用"攀着"，两脚的动作是"向上缩"，上身的动作是"微倾"，爬上月台，多不容易！通过典型性的动作描写，真实生动地写出了父亲行动的艰难，突出了其爱子的深情。

（3）要选择准确恰当的动词

在描写人物的动作时，千万不能笼统使用动词，如"看"这个动作，在不同情况下，有不同的"看"法：集中视力看叫"盯"，睁大眼睛看叫"瞪"，从小孔里偷偷看叫"窥"，斜着眼睛看叫"瞟"，很快地大略看一下叫"瞥"，望上看或向前看叫"瞻"，以上列举的是一些单音节词；表示"看"的双音节词就更多了——饱览、察看、打量、端详、俯瞰、顾盼、窥探、瞭望、目击、凝视、旁观，瞥见、觑探、扫视、审视、眺望、围观、巡视、瞻仰……等等，要仔细辨别其含义的细微差别，一旦用到，要尽量选择最恰当的，而不宜泛泛地用一个"看"去表现这些有区别的动作。特别是连贯性动作要注意动作的前后联系和各自特征，写得有序而具体。

（4）综合法

即把动作描写与语言、心理等其它描写有机结合，取得最佳表达效果。

巴金在《家》中有这样一段描写：

红梅枝上正开着花，清香一阵一阵地送到他（觉慧）的鼻端。他伸手折了短短的一小枝，拿在手里用力折成了几段，把小枝上的花摘下来放在手掌心，然后用力一捏，把花瓣捏成了润湿的一小团。他并不知道自己在做什么。可是他满足了，因为他毁坏了什么东西。他想有一天如果这只手变大起来，能够把旧的制度像这样地毁掉，那是多么痛快的事。

折揉红梅的动作与心理融合着写，借景写人，以小喻大，既表现出觉慧对窒息生命的旧社会的愤恨，也微露出未经生活风暴洗礼的觉慧的性格中单纯、幼稚的一面。

（5）特写法

运用细致笔调使行为动作如影视中的特写镜头凸现于读者面前。海明威在《老人与海》中有这样一段描写：

> 老头儿放下了钓丝，把它踩在脚底下，然后把鱼叉高高地举起来，举到不能再高的高度，同时使出全身的力气，比他刚才所聚集的更多的力气，把鱼叉扎进正好在那大胸鳍后面的鱼腰里，那个胸鳍高高地挺在空中，高得齐着一个人的胸膛。他觉得鱼叉已经扎进鱼身上了，于是他靠在叉把上面，把鱼叉扎得更深一点，再用全身的重量推到里面去。

作者把笔墨集中在处于特定时空的鱼叉上，"举"、"扎"、"靠"、"推"等动作构成精彩的特写镜头，使人从惊心动魄的搏斗中形象地体会到人的伟力、气魄和智慧。

（6）对比法

列夫·托尔斯泰在《复活》中有这样一段描写：

> 书记官站起来，开始宣读起诉书。……结果他的声调就混合成不间断的嗡嗡声，听得人昏昏欲睡。法官们一忽儿把胳膊肘倚在圈椅的这边扶手上，一忽儿倚在那边扶手上，一忽儿闭上眼睛，一忽儿又睁开，彼此交头接耳。有一个宪兵好几次把刚要开口打呵欠的那种痉挛动作压下去。……玛丝洛娃听着书记官朗读，眼睛盯住他，时而呆呆不动地坐着，时而全身一震，仿佛打算反驳似的，涨红了脸，后来却沉重地叹了口气，把手换一个放处，往四下里看一眼，随后又凝神瞧着宣读的人。

法官们"一忽儿"中变换动作所表现的漫不经心、草菅人命，与玛丝洛娃"震"、"涨"、"叹"等动作所表现的全神贯注、抗争无门构成对比，读者从中读出了沙皇统治下底层人民的苦难冤情和法律制度的虚伪、专制。

(7) 特征法

精选富于特征性、个性化的词语简洁传神地进行描写。我们来看看吴承恩在《西游记》中的描写：

> 在那山坡前，战经八九个回合，八戒渐渐不济起来，钉耙难举，气力不加。……那呆子道："沙僧，你且上前来与他斗着，让老猪出恭来。"他就顾不得沙僧，一溜往那蒿草薜萝荆棘葛藤里，不分好歹，一顿钻进；哪管刮破头皮，搠伤嘴脸，一毂辘睡倒，再也不敢出来。但留半边耳朵，听着梆声。

"一溜"、"不分好歹一顿钻进"、"一毂辘睡倒"等动作描写只能属于猪八戒，其自私可笑的性格特征表现得惟妙惟肖。

(8) 写出连贯的动作

描写一个人的动作要进行分解，也就是说一个人的动作是由一系列地动作构成的。把一个大动作分解成几个小动作，抓住人物最有特征的动作，一一进行叙述，那么整篇文章就能把人物动作描写具体了。

有些同学认为人物动作难写，原因是人物的动作往往是一闪而过，既难观察又难描写。其实，再复杂、连贯的动作，都不是一下子就能完成的，在观察和描写时，如果把动作分解成若干步骤，一步一步仔细观察，并选择恰当的动词一步一步地描写，就不难把人物动作写具体了。

例如：他把爆竹放到地上，身子离得老远，伸长胳膊，一点儿一点儿地往前凑。他手打着哆嗦，还没等点着爆竹芯，吓得扭头就跑。

这个片断中的一连串动作可以分解为三步：1、把爆竹放在地上；2、伸长胳膊往前凑；3、手打哆嗦，扭头就跑。可以用"放到、伸长、凑、打哆嗦、跑"等五个动词，准确地描述出这几个连续动作，既具体地写出了"他"放爆竹的经过，又生动地表现出"他"胆小、谨慎的性格特点。

(9) 准确运用词语描写人物行动

这里的"准确"，包括两层含义：一是体现人物特点，二是符合生活实际。

这是把行动写具体的首要条件。不同性别、性格、年龄、身份的人，行动的特点也一定是不同的；人在不同情景、环境中，行动的特点更是不同的。写好人物的举止动作，能更好地表现人物鲜明个性与思想境界，使人物形象更具活力。

例如：《景阳冈》一文中描写武松打虎那一节，通过劈下来、抱起、跳、退、丢、揪、按、踢、揪住、只顾打等一系列动作，把武松打虎的情景描写得非常具体生动。因此，在描写人物动作时，要准确使用词语，精选动词，力求把人物的动作写得准确、具体、鲜明，这样才能把人物的动作、形象，逼真地写出来。

很简单的事例：男生吃西瓜的行动，和女学生一定是不同的；三伏天，半天又没喝到一口水，此时吃起西瓜的行动与平日也一定是不同的。这就提醒同学们，在描写人物行动时，务求做到"准确"二字——抓住人物行动的特点写，抓住人物在特定情景中行动的特点写；实事求是，人物是怎么做的，就怎么写，真实地反映生活实际。

5. 动作描写的词语

走

散步 漫步 踏步 信步 转悠 闲逛 徜徉 踉跄 蹒跚 踱方步 健步如飞 步履矫健 步履轻盈 大步流星 飞檐走壁 大摇大摆 步履艰难 一瘸一拐 匍匐前进 蹑手蹑脚

跑

小跑 慢跑 飞跑 飞奔 飞越 扭头就跑 拔腿就跑 连蹦带跳 东奔西窜 横冲直撞 跑得上气不接下气 跑得比兔子还快 飞似得跑

看

瞧 瞅 过目 注视 端详 凝视 仰视 俯瞰 远眺 瞭望 张望 回顾 环视 扫视 窥视 怒视 浏览 审视 洞察 打量 巡视 目击 目睹 会见 召见 定睛一看 目不转睛 凝神注视 怒目而视 左顾右盼 东张西望 挤眉弄眼 瞻前顾后 举目远望 极目瞭望 尽收眼底 察言观色 刮目相看 面面相觑 虎视眈眈 走马看花

听

倾听 聆听 窃听 旁听 听候 侧耳细听 听得入迷 听信谣言 百听不厌 道听途说 充耳不闻 当作耳边风 左耳进,右耳出

想

猜想 推想 设想 回想 空想 梦想 联想 遐想 妄想 思念 思绪 思考 思索 思慕 寻思 考虑 揣测 惦念 挂念 牵挂 心潮起伏 思潮澎湃 思绪万千 思绪纷繁 浮想联翩 思前想后 心往神驰 想方设法 绞尽脑汁 冥思苦想 三思而行 牵肠挂肚 挖空心思 异想天开 想入非非 胡思乱想 痴心妄想 不假

思索

哭

啜泣　抽泣　呜咽　哀号　号哭　痛哭　潸然泪下　泪流满面

放声痛哭　失声痛哭　痛哭流涕　声泪俱下　哭哭啼啼　泣不成声

哭爹叫娘　捶胸顿足　号啕大哭　抱头痛哭　老泪纵横　哭声震天

笑

微笑　大笑　欢笑　嬉笑　狂笑　嗤笑　憨笑　傻笑　哄笑　苦

笑　干笑　阴笑　狞笑　奸笑　嘲笑　冷笑　讥笑　耻笑　笑眯眯

笑嘻嘻　笑盈盈　笑哈哈　笑吟吟　点头微笑　抿着嘴笑　淡然一笑

吃吃得笑　咧着嘴笑　呵呵大笑　放声大笑　仰天大笑　捧腹大笑

哄堂大笑　嫣然一笑　一颦一笑　似笑非笑　笑不露齿　笑里藏刀

破涕为笑　笑容可掬　眉开眼笑　皮笑肉不笑

6. 动作描写的注意事项

（1）要表现人物的品质

我们常说："行动从思想中来"，就是说人物的行动要符合人物的思想品质，每个人都有不同的性格，不同的感情，不同的内心世界。具有典型意义的人物动作描写，能使人物形象更加生动，更加鲜明。在描写人物动作时，不仅要写出他在做什么，而更重要的是描写他是怎样做的。通过人物的动作描写，表现人物的性格特点和精神面貌。

（2）写人叙事中穿插写

人物的动作描写不是孤立的，要放在具体的事件中写人物的动作，也就是说在叙事过程中，需要表现人物某方面的特点或品质时，可进行一连串的动作描写，使人物通过典型的、细致的动作描写，更形象生动地展现在读者面前。

（3）要分步写清楚

在对人物动作进行细致观察后，即要把人物做事情的全过程写清楚，又要把人物活动的每个步骤一步一步地写具体，这样才能够使得人物形象鲜明，文章层次清楚。

（4）用词准确、生动、形象

行动描写首先要做到用词准确，特别是理解各个动词的准确含义，在平时多积累一些动词。

在用词准确的基础上还要做到生动形象，动词要能表现人物的神态，有形象感，像播放电影电视一般，可以通过动感强的动词、各种修辞手法和各种修饰语让人物活起来。

（5）描写要具体

行动描写不仅要告诉读者人物在做什么，更关键的是告诉读者人物是"怎么做"的。"怎么做"就要求把人物具体动作一一描绘出来。

　　　他一句一句地审阅，看完一句就用铅笔在那一句后面画一个小圆圈。他不是普通的浏览，而是一边看一边在思索，有时停笔想一想，有时还问我一两句。

（6）抓住关键动作

个人动作、反常动作、幽默动作、夸张动作。个性动作指的是一个人常规的、符合他性格特点的行为动作。一言一行，透出性情，描写出人物个性鲜明的动作，可以展示出人物的性格。

反常动作是指人物按其常规来说不应该做出的但在特殊情境下却出现的令读者竟想不到的动作。

幽默动作指的是把人物的动作和情节配合起来，故事情节的发展产生幽默诙谐的行为动作。

夸张动作指的是一些特别的夸大的平时较少出现的动作，抓住这

类动作能生动的刻画出非同寻常的景象，突出主题。

(7) 动作要能反映人物心理

动作是人物内心的外在表现，因此行动描写要能够反映人物的心理面貌和思想感情。

　　　　水生小声说："明天我就到大部队上去了。"女人的手指震动了一下，想是叫苇眉子划破了手，她把一个手指放在嘴里吮了一下。

第二章

行动写作好段

1. 新书包

晓璇把新书包摆在书桌上，一边说话，一边不断地系上打开书包扣，那神情是想让大家都注意她的新书包。

2. 调皮的小刘

小刘用食指压在嘴唇上，示意我们不要出声。然后他左右看看，一边盯着前边讲课的老师，一边把画上小王八的纸条贴到长青的后背上，然后一本正经地回答老师的提问，抽空向我们做个鬼脸。

3. 引人注目

她故意咳了两声，引过同窗们的目光，随后便站起身来，伸出两条如同玉蛇般的手臂，把椅子从我身边移开了。

4. 一条棉裤

记得去年入冬以后的一天，北风呼呼地刮着。上操时我冻得直打哆嗦。就在这时，王老师走到我身边，伸手摸我的腿，说："秋明，你怎么没有穿棉裤？"我摇摇头说："我没有棉裤。"王老师听了，什么也没说，只用手量了量我的腿，就走了。第二天早晨，王老师把我叫到办公室，手里拿着一条新棉裤，笑眯眯地说："秋明，来试试看，合身不合身？"我一听说是给我的，心里热热乎乎的，忙接过棉裤穿在身上——正合适！我立刻感到暖和极了，高兴得拍着手跳啊！笑啊！

5. 想问题

王伟扔掉棍子，两眼直盯着我，摆出一副令人发笑的正经相，我便问："你们谁知道'0'像什么?"他们互相望了望，努了努嘴，两对乌黑的大眼珠在滴溜溜地转。

6. 老农爸爸

"叮铃铃"，下课了。同桌碰了碰我，朝对面窗外努努嘴，我扭头一看，心中陡然一沉，原来是那个老农似的爸爸。他怎么来了?"是你爸?"同桌问道。我微微点了点头，可马上使劲地摇了摇，同桌正欲再问，我赶紧大步跑了出去。

7. 爬竿

我这时又羞又气，不知从哪儿来一股劲，一咬牙，甩掉凉鞋，抓住竹竿，向上一跳，手脚一起使劲就上去了一截，再一使，又上去了一截，再一使劲，又上去了一截……渐渐地，我没劲了，手在发抖，心在跳。下边的同学们叫了起来："珊珊，使劲，加油!"

"珊珊，坚持就是胜利!"同学们都在鼓励我。我双手牢牢抓住竹竿，两只脚紧紧钩住竹竿不放。我抬头看看上方，还有一大截呢。这时，同学们的喝彩声和鼓励声，特别是那个体育委员气人的话又在我耳边响起。我心里有一个念头：一定要爬到顶点，一定!我一用劲，又上去了一截。慢慢的离顶点越来越近了。我又停下来歇一歇，看到脚下同学们一个个流露出喜悦、期待的目光；再看那伙男同学，他们不再用藐视的眼光看我了。这时听到体育委员说："真棒，娇小姐变成假小子了。"听了他的话，我真气，一会儿说我娇小姐，一会儿说我假小子！不，我什么都不是，我就是我。我一定要爬上去！我积蓄了力气，再一使劲，终于爬上了竹竿的顶端，下面响起了一片叫好声和鼓掌声。我朝操场周围一看，真高啊，什么都能看见，你看，别班的同学都停止自己的活动在看着我呢。我笑了，好像从来没有这样自豪和开心地笑过。

8. 铃声响过

他先是熟练地在黑板上画他讲课所需要的各种运动图线，然后转过身来，一手扶着黑板槽，一手扶讲桌，静静地站着，……铃声响了，他顺手拿起一支粉笔，正要开始讲课，"起立！"班长照例喊道。同学们"唰"地站了起来。他顿时不知所措了，脸涨得通红，不习惯地行了礼，一紧张，手里的粉笔也掉了。

9. 扔铅球

王老师手托铅球于肩部，一边做着慢动作的示范一边说："别走神，看清了。"只见他面向南方，两脚分开，左脚在前，右肘关节抬起，与肩平齐，左手帮着持球，然后上体稍向右扭转，左腿弯屈，接着右脚用力蹬地，向左转体，左脚再用力蹬撑，最后，用手臂的力量把球远远推出，那铁疙瘩落在沙坑里，砸了一个大坑。

10. 滕老师喂我吃药

滕老师深夜来叫醒我，喂我吃药，然后又把一勺白糖放在我嘴里。老师扶我躺下后，又从衣柜里拿出一件厚厚的棉衣，盖在我被子上，又塞了塞，把我裹得严严的，又轻轻摸摸我的头，轻声说："好多了，烧退了。"

11. 大鼓

就在这时，背后突然响起了一声炸雷似的怒吼，只见赵老师横眉竖目，一溜小跑过来，伸出强有力的大手，紧紧地抓住背带；用尽全身力气，抱起大鼓，就像抱着件宝贝，大步流星地跑进门楼，小心翼翼地放好，掏出一块洁白的真丝手帕，轻轻擦去大鼓上的斑斑水痕……

12. 跳高

张老师还是笑眯眯地说："来，你看好，我是怎样跳的。"说完，他紧闭着嘴，跑到了竿前，脚用力一蹬右脚高高一跨，一侧身，左腿直直地划了一个弧形，稳稳地过竿了。他站在沙坑里，气喘吁吁……我望着张老师那明显起伏的胸膛，心头一紧：老师，别忘了，您是心脏病人呀！

13. 带病上课

上课铃响了，只见王老师右手拿着教具，左手按住胸部，脚步踉跄地走进教室，又像往常一样屹立在讲台前面。王老师脸色虽然苍白，但是精神非常饱满。他时而清清楚楚地讲课，时而井井有条地板书。然而讲着讲着，就见王老师双手扶住讲台，胸部紧贴在上面，额上沁出一颗颗汗珠，疼痛又在无情地折磨他了。

14. 比赛之前

一次区里举行美术比赛，我们有说有笑地到了赛场。突然，达老师像发现什么似的，打了声招呼便快步奔出赛场，直到比赛即将开始，他才踏着铃声冲进大门。原来，由于没考虑周全，我们带的都是较细的画笔。"用这种笔着色速度快！"他边掏出大把粗绘图笔，边喘着气说。我们感动了，只觉得手中色笔沉甸甸的，大家更信心百倍地走进赛场……

15. 擦黑板

过了一会儿，只见"丑小鸭"从座位上站起来，轻轻地走上讲台，拿起板擦默默地擦起来。由于长得矮小，她不时地踮起脚尖。教室里有点儿骚动了，"丑小鸭"像没事儿似的，仍然认真地把黑板擦得干干净净。她又低着头，微红着脸，轻轻地回到座位上。

16. 做小动作

王玮坐在梳着大辫子的俊英后面。王玮上课不注意听讲，就用手拽过人家的辫子玩，俊英回头瞪了他一眼，收回辫子，放在胸前。等过一会儿，俊英回答老师的提问后，一甩头，辫子又回到脑后，王玮趁她不注意，偷偷用手把俊英长长的辫梢系在椅子背上。俊英下课时一起身，疼得"妈呀"一声惨叫。

17. 踢布包

鹏鹏和亮亮学着女同学的样，踢布包，他俩都不会。鹏鹏一踢，布包先是往外跑，再一使劲，布包跑脑后边去了。亮亮踢包时，两手紧张地弯着，像挎着个小篮子似的。

18. 变魔术

吴老师让我扶着一块小黑板，把袖口卷了起来，就用食指和中指夹起了硬币。我们都瞪大眼睛看着吴老师的手指。一下、两下、三下……忽然，吴老师手指间的硬币没有了。果真塞到黑板里去了？我赶紧把小黑板翻过来——什么也没有。"手，手翻过来！"大家又嚷了起来。只见吴老师伸出右手，连翻了几下，也没有，硬币哪儿去了？

19. 获奖之后

她远远地朝我跑来了，手中端着刚从食堂打来的饭菜笑着喊着朝我跑来："你赢了，你赢了！""我在外语歌曲比赛中获奖了！"于是，我们拥抱，我们欢笑，却打翻了她的饭菜。我害怕了，她却摸摸我的头："没关系！"她又笑了。

20. 钉纽扣

钉纽扣比赛开始了。手拿一块布，把纽扣贴在上面，用针在纽扣上面往下一扎，针立刻钻进了扣眼。李红高兴极了，越扎越快，不小心扎在指尖上，啊，好疼！她坚持钉下去，最后打了结，用剪刀剪线。

成功了！

21. 检查卫生

李媛刚要检查，我伸手拦住她，朝插在前边的写着"校长卫生区"的牌子努努嘴，示意算了。她瞪了我一眼，一言不发，推开我的手，弯下腰，就仔细检查起来，连角落也不放过。发现花池里边有碎纸烂树叶，一边往外捡，一边在表上划了一个大"×"字。

22. 课堂上

长青瘦小，像个猴子，性格也像。就说上课吧，他从没有稳稳地坐完一节课的时候，每当听完一段，老师举例或解题时，他便半站起来，东瞧瞧西看看，好像椅子上有钉子扎他似的。

23. 打扫卫生

到了包干区，我挥起扫帚，三划两绕，不多一刻便完成了任务。我直起腰，又一次打量着她。她那下垂的羊角辫在秋风的吹拂下，掀起几绺，向上昂着。她的两手轻松地握着扫帚把，有节奏地来回移动，扫过的地方纤尘不留。我不由得暗中赞叹起来。

24. 长跑比赛

一次测验 1500 米，小红开始跑得很快，冲在了最前面。一会儿腿像灌了铅一样，抬不起来。……她咬紧牙，努力向前一步步地跑着，耳朵里在嗡嗡地响，嗓子干得直冒火，汗水不住地淌着。她倔强地大步跑着……终于，最后冲刺了，得了第二名，她欣慰地笑了，这是她努力的结果。

25. 2分之差

2分之差，把我俩分在两个学校。分别的时候，我很难过，泪水在眼眶里直打转。可路怡依旧那么开朗，她在我耳边小声说："别难过，高中我一定和你一起考进向明中学。"说完对我一笑，嘴角边露出了一对小酒窝。

26. 接新同学

一辆自行车飞驰而来。骑车人似乎像个小伙子。只见他左手扶着车把，右手向我挥动着，近了，我才看清了是个女孩子。她轻巧地跳下车，一手摆弄着车铃，看了我一眼便说："你叫姗姗，我没找错人吧？"她带着胜利者的微笑，不等我回答，便伸手抢去我的行李。还说，"辅导员老师说你今天来报到的，是她叫我来领你的。哟，忘了告诉你，我叫越男。"

27. 摔跤比赛

啪！我被打翻在垫子上了。他像只章鱼一样趴在我身上。他先抓住我的胳膊，然后抓住我的腿，接着，我的鼻子深深陷进了那张软绵绵、粘糊糊的垫子里。

啪！这回我四脚朝天。接着我感到一辆水泥卡车压在自己的身上。裁判的手一挥，哨子也响了。

28. 解剖白老鼠

有一回，作解剖白老鼠的实验。全组女同胞冲着小白鼠直瞪眼。连一只小螳螂都害怕的我，一咬牙，哆哆嗦嗦地抓住了这小白玩意儿。此时汗如雨下，嘴中念念有词："嘟，往哪儿逃！"

29. 爬竿比赛

观众的目光一齐投向那位绿色背心的"17"号运动员，只见他伸伸臂、踢踢腿，认真地做赛前准备。这时，裁判点了他的名字，他不慌不忙地走到竿下，满有信心地看看竿顶，好像说："我一定能爬上去！"哨声一响，突然，他纵身一跃，身上往上一蹿，双手有力地握住竿后，双脚也随着夹在了竿上。接着他快速向上倒手，每倒一下手臂，身子就一弓一伸，夹在竿上的脚也向上一挪。像猴子一样灵活地向上爬。不一会儿，就爬到了竿顶。他向四周张望了一下，向下面的同学招手。然后手脚一放松，敏捷地滑下来。其他的运动员有的刚爬到竿顶，有的才爬到一半。"17号运动员得第一名。"听了裁判的宣布，同学们鼓起掌来。"17"号运动员高兴地跳了起来。

30. 期待

突然左后角传来了桌椅"咯吱"的声音，只见林峰同学双手撑着桌子，近乎艰难地站了起来。他嗫嗫地动了动嘴唇："我愿意。"说出这三个字，显然是鼓足了勇气。因为激动，他的脸涨得绯红，牙齿紧紧地咬着嘴唇，手指不安地抠着桌缝，不时用期待的目光扫视着大家。

31. 欢送会上

欢送会上，班长把一本精美的相册送给了林丹。林丹双手捧着，轻轻地翻开第一页，突然，林丹像想起了什么似的，急忙打开行李包，从里面拿出一张画，双手递给了袁老师。然后，深情地向大家鞠了一躬，慢慢地向火车站走去。

32. 我来唱一支

"我来唱一支怎么样？"我的同桌，她忽然站起来大声要求道。"唰"，全班同学的目光都朝她射来。她显得有些不太自然，略昂了昂头说："我原来在班级里当过文娱委员，我想我可以组织些音乐活动。"音乐老师高兴地说："很好，快请上来。"她离开座位向讲台走去。她紧走几步，跨上讲台略带羞涩地说："我就唱一支《我多想唱》吧！"一曲完毕，她忽而来了个九十度的鞠躬，跳下讲台。

33. 送伞

何华望着饭桌上的生日蛋糕，想：老师一定还在办公室，这么大的雨，她怎么回家呢？想到这里，他毫不犹豫地抓起雨伞和雨衣，往外就走。妹妹问明原因，就和哥哥一起向学校走去。背后隐隐约约传来妈妈的喊声："你还发烧呢！你……"

他们冒着暴风雨艰难地走着。手中的雨伞被吹得摇摇晃晃，好像有人在后面抢夺。双脚踩在泥里，好像被大地拽着似的。他们踏着泥水，急步向学校走去。

他们终于来到老师办公室前。何华轻轻拉开门，一道灯光射出门

27

外，从门缝中看见老师正在聚精会神地批改作业，他对妹妹轻声说："老师办公呢。"妹妹领会了哥哥的意思，便把雨伞轻轻放在办公室门里，又轻轻带上门，向哥哥会心一笑，他们溜烟似的离开学校，向风雨中走去。

34．放风筝

在我们共同度过的第一个春天里，她常带我们去放风筝。扯着风筝线，我们尽情地跑啊，跑啊。累了，我们蹲在地上采美丽的小花，戴在老师头上。她笑得很甜，星星般的眼里飘飞出七彩的光。

35．玩战斗游戏

景亮从小就想当解放军，每次看完电影，他总要模仿电影里解放军的动作。有一天课间，他和幼儿班的小朋友在操场上玩战斗游戏。景亮从土坡上滚下去，又站起来向上冲。刚冲上去，又像中弹负伤似的从坡上滚下来。正玩得起劲，上课铃声响了，景亮来不及拍打身上的土，就往教室跑，边跑还边向后边"叭，叭，叭"地比划着。

36．交作业

刚坐稳，后排的课代表就催他交本子，"嗯！作业。"他一边嘀咕一边摇着头，在书包里乱翻。"你做了没有？"课代表提出疑问了。"做了，做了，我记得清清楚楚，是在自习课上做的。"他一边回答，一边干脆把书全倒了出来，小人书、课本、笔记本、草稿……乱七八糟的东西摊了一桌子。他在"垃圾堆"里，终于找出了他那皱巴巴的"作业本"，交给了课代表，然后长长吁了一口气，哼着歌儿，把那些

"垃圾"重新塞进了书包，脸上挂着一丝得意的微笑，接着他拿出了语文笔记本翻了翻，"哎呀！坏了，交错本子啦！"他忽地一下子从椅子上弹了起来，眼睛瞪得大大的，忽然又好像想起什么似的，抓起本子推开门，扯着嗓门，追赶交作业的课代表去了……

37. 赤膊上阵

我忘不了，傻乎乎的徐峰。大概是小学四年级吧，那天，知了在树上自得其乐地唱着，即使坐着，汗还一滴一滴地往下淌。大家都安静地答着考卷，突然，李老师"唱"出一串女高音："徐峰！你干什么！"莫非他答不出，便……与此同时，课堂里暴发出一阵哄笑。原来徐峰这个傻瓜热得受不了，竟忘了的在学校里，顺手把汗衫一脱，赤膊上阵了。

38. 迟到

"叮铃铃……"早自习在清脆的铃声中开始了。

正当课代表欲走上讲台的一刹那间，教室的大门突然受到了袭击，"砰！"门被撞开了，一个矮胖子奇迹般地出现在门外。"报——告！"他的嘴中塞了整个肉包，以致话音显得含糊不清。他拼命地嚼着，想把那该死的包子吞下去。可不知什么缘故，他被憋得喘不过气来，就更不用说吞下去了。他滑稽的举动顿时使同学们哄笑成一片。他的脸本已通红，现在更涨成了猪肝色。"进来！"他如获大赦，忙不迭地跑向座位，一屁股坐下去，吃力地喘着粗气。

39. 捏泥人

他把橡皮泥掰成几块，揉成圆柱形，用手揉揉，摁摁。看他那镇定自若的样子，真像个老艺人呢。常毅用手利索地捏出两个尖，用指甲在橡皮泥上划几道，哇，一瞬间做好了！我心里暗暗吃惊：想不到他……"小艺人"又拿起一块，在手里揉一揉，搓几下，压一压；噢，又是一块，捏捏，摁摁，刮平了；啊，又是一块！……我的眼睛匆忙地盯着，他的手像变魔术般地在小小的橡皮泥上揉着，捏着，手指轻巧地跳着……哇！一匹枣红色的小马奇迹般地出现了！

40. 捏泥猪

他左手托着泥巴，满面笑容地走到桌前。他把泥巴放在桌上，抬起头看看大家，又看看泥巴。他揪一大块泥巴，又揉又搓。不一会儿，就揉成了一个椭圆形的猪身。随后，他把猪身放到一边，又揪了一小块泥巴，在手里揉成一个圆形猪头，把它粘在猪身上，还用大拇指不住地轻挎着猪脖子。接着，他又揪了一小块泥巴，揉成两个圆球，又按成长形扁饼，做成两个猪耳朵，粘在猪头上。他捏的是那么认真，全神贯注，一丝不苟，真是"胸有成猪"啊！这时，他思索了一下，又揪了四块大小一样的泥巴。咦，这又是做什么呢？原来是做小猪的四条腿。最后，他揪下一小块泥巴，把它搓成细条安在猪身上，当作了猪尾巴。那尾巴向上撅着，十分逗人。前后只用六分钟，一只小泥猪就捏成了！

41. 我又忘了

我这个人，也不知哪来的那么大忘性，今天通知的事，明天保准忘，老师嘱咐第二天拿什么东西，十有八九得忘。唉，我这脑袋瓜子啊！

这不，今天我又倒霉了。"交饭费！"我刚一进教室，生活委员就找上门来了。"吓我一大跳，敢情讨债的来了。"我一边嘟哝着，一边把手伸向口袋。"哟，忘带了。""唉！你昨儿就忘带了，说今天交，今儿又忘带了，今天可是最后一天，这回你甭吃了，饿你一月，看你还忘不忘。"生活委员外号"小快嘴"，得理不饶人，今天碰上他，算我倒霉。我正坐着想"下月午餐怎么办"的时候，组长走过来。"交相片。""交什么相片？""交毕业证书上的照片啊。""我怎么不知道？""昨天通知的。""啊！我又给忘了。""那你找老师说一声去。"组长说完就交相片去了。

"哎，你的饭费，李老师给垫上了。"小快嘴这时走过来对我说。"谢谢你啊！"我忙不迭地说。"别谢我，谢李老师去。就不应该替你交，饿你一个月。"到底是快嘴，临走还扔给我一句话。

42. 管班长

一次上自习课，轮到他值日，突然，他看见班长在偷偷翻阅一本武侠小说，他一个大步走上前，夺过班长手里的小说："班长，不管谁犯了纪律都得管，这可是你说的。你上课看小说，这本小说俺就没收了。"说着，还在记事本上记了他一笔。班长"呼"一下站起来，嘴唇都在颤抖："你，你……"顿时，教室里议论开了："他敢管班长。""好家伙。""这回有好戏看了。"……

下课铃响了，同学们纷纷把语文作业交给班长。可班长唯独不收他的作业，把他的作业甩出老远，还愤愤地说："我就是不收你的作业！""你……"他的眸子里流露出委屈和惊讶的神色。他俯下身子拾起沾满灰尘的作业本，来到语文老师办公室门前。老师望了他一眼："进来吧！班长都告诉我了，你迟迟不交作业，是吗？""不是的，老师，俺……"说着，他的眼泪就像断了线的珠子顺着脸颊滚落下来……老师问清了事实，异常气愤地说："不成，我要狠狠批评班长！""别，老师，只要他知道错了，俺一点儿也不怨他，真的！"他拦住老师，眼里闪出恳求的目光。事后，班长羞愧地向他道歉，他抓抓后脑勺，拉住班长的手，咧开大嘴笑了。

43. 篮球赛

在阳光下，在球场上，穿着球衣，为了一颗顽固的球，跑步、跳跃、追赶。

"哗！"裁判的哨子一响，一场球赛争霸战就开始了。快！抢球，抢到了；传！接球，接稳了；闪！躲一只长手；跑！一窝蜂似的跑向篮下，等待飞来的球。啊！不好了，球顽皮地跳入对方的手中，篮下的一窝蜂又奔向另一方。快！跳高一点，把顽皮的球安定下来，不一会儿，球被一双手擒住了。正在大家出其不意当中，将两脚一抽，向上一跃，手一抬，顽皮的球再顽皮也得入篮了。接下来的是一声一声的喝彩不绝于耳。

44. 实习老师

"哄"的一下，全班都沸腾了，又敲桌子又抛书，连班主任黑色的脸也似乎"晴朗"了起来。待我们笑够了，好奇的目光全定格在他脸上，白皙、清秀，架着一副大大的眼镜，但字很刚劲——"蒋一澄"三个大字便出现在我们眼前。"我叫蒋一澄，和班上的蒋宏同学同一个姓，刚才你们是不是看我长得太高了才笑啊？其实，这叫站得高看得远嘛……"标准的男中音，浑厚，具有穿透力，仿佛立体声一般。"从明天起的一个多月中，我将担任你们的语文实习老师，我也是刚刚结束学生时代，许多想法和大家一样，我们一定会相处得很愉快。同时，我还要努力上好课。"大家都情不自禁地鼓起掌来。

45．妈妈侍候奶奶

我的妈妈在单位是个先进的工作者，她无微不至地关心我，是个好妈妈；她侍候奶奶，不怕脏和累，是个孝顺的好儿媳。

有一次，奶奶拉了一裤子的屎，妈妈知道后，二话没说，放下饭碗，向奶奶屋里跑去。进屋一看，地上、裤子上、床上全是屎。妈妈马上把奶奶身上的屎擦洗干净，换了弄脏的衣裤。我看见妈妈手上粘了很多屎，就捂着鼻子问："臭不臭呀？"妈妈只是笑了笑。过了一会儿，我听见奶奶屋里传来"嚓嚓"的声音，原来是妈妈正在给奶奶洗换下来的衣裤呢！汗水顺着妈妈的脸颊往下淌，她的眼角却带着笑意。奶奶有我妈妈这样一位孝顺的好儿媳，真是有福气。

46．煎鱼

只见爸爸打开炉门，揭开炉盖，把锅放在炉子上，就往锅里倒油。过了不一会儿，锅里起烟了。爸爸把一条大鱼放到锅中，锅里马上发出"吱吱"的声音，油沫溅得老高。紧接着，爸爸又忙着切葱、切姜。等把佐料配齐，鱼也炸好了。盛在盘中，又黄又酥，一股香气扑鼻而来，馋得我直流口水。

47．吃腌海椒

爸爸一见妈妈端来了腌海椒，喜上眉梢，狼吞虎咽地吃起来。一会辣得满头大汗，眼泪在眼眶中打转。爸爸使劲地哈气，可却吃个不停。

48．看图纸

半夜，我被爸爸进屋时沉重的脚步声惊醒了。进了屋他手也不洗，脚也不洗，就坐在箱子旁拿起一卷图纸看，布满血丝的眼睛在图纸上扫来扫去。远处的轮船汽笛声催得他打起了哈欠，慢慢地，图纸掉在了地上。唉，他就这样睡着了。

49．缝扣子

有一次，我发现爸爸的上衣掉了一个扣子。于是我找来针线，用脚踩住那件上衣的一角，用两只拳头夹住扣子按在衣服上，用嘴咬住针，一针一针地缝。缝了半个多小时，终于把扣子缝好了。爸爸下班回来，看到缀好的扣子和我被扎出血的手，心痛地把我搂在怀里，流下了激动的热泪。

50．小强去小学

父亲重新进来时，小强已经在整理书籍了。父亲摸着行李，又捆扎一番，然后在桌边坐下，无声地看着儿子。一会儿，又走到儿子身边摸着儿子身上那件过小的衣服，像是自言自语，又像是对儿子说：

"赶明儿多挑几担菜去卖了，给你扯身新衣服。"

51. 爸爸不识字

爸爸坐在昏暗的油灯下，一本正经地看着书。我背呀，背呀，该翻了，爸爸还眼睁睁地看着前半页，显得很专心的样子。我问他："爸，我都背完了，您怎么还不翻呀？"爸爸一怔，布满皱纹的脸上现出不好意思的神情。我恍然大悟：爸爸不识字呀！

52. 做早点

我剪开牛奶袋，把奶倒进锅里。可怎么也点不着煤气炉。原来，我没拧开总阀门。我拿来鸡蛋，磕轻了，不破，猛一使劲，连蛋壳也掉进锅里了。伸手一拿，嗬，好烫！

53. 爸爸妈妈吵起来了

爸爸妈妈又吵起来了。我拉又拉不住，爸爸一甩手，差点弄我个跟斗；劝也劝不开，妈妈的嘴骂个不停。我一跺脚，双手捂着耳朵，一口气跑下了楼。

54. 暖手

记得一个寒冬的下午，天气比较冷。我在做作业，妈妈在做针线活。夜深了，天气变得更冷了，我的手直打颤，不敢写了，怕把作业做坏。这时，妈妈走到了我身旁，关心地对我说："冷吗？"，妈妈轻轻地把我的手夹在她的两手之中。顿时我觉得无比暖和。在她的鼓励下，我终于认真地完成了作业。

55．提煤

　　弟弟手里拿了一根木棒，可太粗穿不过煤洞，又拿了把火夹子，火夹也大了，于是拿了一根比煤洞小的又圆又直的通火棍。我奇怪地想：又不是掏煤灰，他拿通火棍来干嘛？只见他把煤放倒过来，用通火棍从煤的右边钻向左边，一共钻了五块煤，两手握住铁棍的两端提进厨房，往厨房里一放，一提，煤就整齐地放好了。这样不仅快，而且不累。

56．游泳

　　阳光似乎要把人烫熟了，走路都觉得无力。听到游泳那边传来的欢笑声，我顿时来了精神，三步并作两步跑到游泳池门口。……紧跑几步，推开池边的人，一个猛子扎入水中，顿时，全身一下凉透了。我觉得水是那么软，想抱它，又抱不住，从怀里从指缝跑开了，但又在你身边拥着你。躺在水面上，浑身轻松，一天的倦意全没有了，太阳似乎无可奈何了。

57．一个雨天

　　也是这样一个雨天，妈妈，您消瘦的脸上挂着微笑，用手轻轻地摘下我新衬衣上的一丝绒线头，然后又缓缓地掏出带着您的体温的钱递给我，说："惠，妈再说一遍，你要有出息，我期望着你……"我使劲地点点头，……当我忍不住再回头看您时，您打着伞仍在濛濛的雨幕中……

58. 妈妈要去上班

妈妈戴上围巾就要去上班。我跳到门口,叉开两腿,平伸两臂,形成个"大"字,喊到"不上班",妈妈拍拍我的头,还是往外走。我抓住妈妈的袖子,摇着她的胳膊央求着。

59. 晓旭变乖了

经过一段时间的幼儿园生活,晓旭养成了良好的生活习惯。这天晚上,快吃晚饭了,我放下桌子,她看见后就立刻把大椅子和小椅子都放好了,坐在小椅子上,背着手等吃饭。在吃饭过程中,围嘴总是碍事,她便一手按住围嘴,一手吃饭。她吃完一碗饭后,三舅妈看见了就问道:"谁还吃饭?"晓旭连忙举起自己的右手。大家见了她的动作都夸她:"晓旭上幼儿园才几天就学得这样好,真棒!"晓旭听见了也跟着说:"晓旭真棒。"

60. 奶奶照顾我

一次,我有病了,奶奶请来了医生给我看病,医生说我病得很重,要我休息几天再上学。在那些日子里,奶奶日夜守在我的身旁,半夜还给我煎药,端给我喝。她一会儿用那长满老茧的手摸摸我的头,一会儿,又把许多好吃的东西摆在我的面前。奶奶说:"孩子,你吃吧!病好了去上学。"

61. "铁公鸡"

星期天的早上，爸爸妈妈都不在家，我睡了个懒觉起来，想把桌上放着的饭热一热。端起一闻，一股馊味直冲脑门，我赶紧来到水槽边，蹲下去，刚要倒掉，突然传来一阵急促的喊叫声："别倒——"我抬头一看，又是春花。她背着簸箩，像是刚打完猪草回来，脸涨得通红，气喘吁吁的。我冲着春花，一字一顿地说："是——馊——饭！"可春花像是没听见，还是一个劲地说："不要倒，不要倒！"说着她飞快地朝我奔来。我觉得很奇怪，又对春花说："你要干吗？"春花夺过我手中的饭碗，像捧宝贝似的捧着它，向鸡棚走去。我望着她的背影，又好气又好笑，心里暗暗地骂了一句："铁公鸡!"

62. 小苏洁

只见她两手叉着腰，歪着脖子，撅着嘴，站在床上，呜呜地哭着。两只小脚丫在往床下踢被子，嘴里还不断地说："就不让你在我床上睡……"她的妈妈向我摆摆手，示意不要理她，我就走到一边去了。小苏洁哭了一会儿，见大家都不理她，就哼哼了几声坐下来，两只脚丫还偷偷地把踢下的被子往上钩呢。

63. 妹妹撒娇

妹妹生气了，嘴巴撅得能挂上油瓶。她见妈妈不理睬她，就使出她惯用的"伎俩"，先是扭动着身子撒娇，然后干脆一屁股坐在地上，顿着脚，用手捂着眼睛哭起来，还不时地从手指缝里偷看着妈妈有无反应。

64. 收拾碗筷

我匆匆地吃了一碗饭，放下碗筷，就到外边去玩了。而小霞呢，先将她和我的碗筷收拾在一起，然后又将舅舅的、爸爸的都收拾好端进厨房里，从缸里打出水倒进盆内，再把碗筷放进去，就熟练地洗起来。她用那双灵巧的小手托着碗转着，转着，直到把碗一个个洗得干干净净，才直起身把一摞碗放到碗架上。接着她又出来擦桌子、放凳子，干得有条有理，头头是道，妈妈见了，疼爱地说："小霞，你去玩吧，这事不该你干。"小霞却笑着说，"姑姑，我在家干惯了。"一边说一边继续干。看到这些，我心里十分惭愧。是啊，我这个做姐姐的还没有洗过一次碗呢！

65. 包粽子

妈妈买了粽叶子和糯米，我高兴得连嘴都合不拢了。一会儿抓一把糯米看看，一会儿拿起像皮带一样的粽叶子系在腰上。晚上妈妈把粽叶用水泡了，然后用锅煮了。她拿着煮好的粽叶，要包粽子。我急忙跑上去看，只见妈妈拿了两片粽叶，并排摆着，她把粽叶子折了个三角形，像个漏斗似的。然后把糯米装在里面，再把剩下的一部分封严。包好以后，妈妈一手拿着粽子，一手拿根像绳子似的东西。妈妈告诉我说："这是马莲，是系粽子用的。"妈妈把它系在粽子中间，这样，粽子就包好了。我看了觉得挺好包，就说："妈，我帮你包行吗？"妈妈半信半疑……

66. 暴风雪中

暴风雪飞扬着，教室的玻璃振颤着。我换完教室后边的板报，把窗户一个个做了检查，插牢窗销，然后关上灯，锁好教室的门，走出楼道。一出楼道，一阵风雪迎面打来，不由使我打了一寒噤，浑身感到发冷，于是缩着头，弓着背，迎风穿行。大街上冷冷清清。忽然我发现路下站着一个人，他高大的身躯在风雪中挺立着。啊！我的心不由紧缩了一下，那不是我的父亲吗，我的眼睛湿润了。我跑过去："爸爸，你在等我？"他看了看我，点了点头，什么也没说，却笑了笑，接着解下脖子上的围巾，厚厚实实地围在我脖子上。我连忙说："我不冷，真的，一点……"父亲的嘴动了动，可没说出来，只是用手在我肩上用力按了按，又在我背上轻轻地拍了两下，然后大踏步地走在了前面。一股暖流通过全身，我忘记了风雪，也学父亲的样子挺直身，跟在父亲的背后大踏步地向前走去。

67. 让座

他上了车，有个空位，很庆幸地坐下了。车经过一个小站后，车里就有人站着。尽管他的眼睛一直看着前面的路，他也知道。他忽然发现自己当陆军上尉的叔叔刚送给自己的全新的军衣袖子上有一个污点，忙低下头用手抠。这才吃惊地发现一个枯瘦的老太婆坐在自己的脚边。他慌忙站起来，一只手去搀扶老人，另一只手指着自己的位子，他不知道自己胡乱说了一句什么……

68. 清洁工

小巷有些陈旧但并不脏，每日里红日初升，就会有一个身影，一下一下，不紧不慢，默默地挥着扫帚扫着。只有晨练的人们从她身边跑过时，才会发现她似曾相识。扫完地，就推起小车，系起白围裙忙别的生计去了。小时候，我的腿都站酸了，可她却没有停下来歇口气。

69. 裁剪衣服

这位老人戴着老花镜，头顶的头发已经没有了，脸上带着微笑，显得那么慈祥。这时，他正拿着软尺给一个小伙子量尺码，然后又把小伙子拿来的布料摊开，拿出一块画粉在布料上横横竖竖地画了起来，连尺子都不用。不一会儿工夫，一张清晰的图就展现在眼前了。随后，他用干布棉纱擦了擦手，从抽屉里拿出一把崭新的剪刀，"咔嚓、咔嚓"地剪起来，那速度可快了，我真为他担心。但是那剪刀就像长了眼睛似的，不偏不斜，顺着线向前跑。那姿势、那剪出的线条可真好看。

70. 误会了

"你少来这一套。"菜农嘴一撇，大手在人家脸前快速一划，"找错了，早干什么来着。""我是来退你多找的钱的，"一听这话，那菜农一愣，僵住了，那挥起的手停在半空，惊奇地望着那人。随后，手不自然地摸着自己的后脑勺，抱歉地嘟囔着，"误会了，误会了。"

71. 送孩子

那女人听了，放下车，蹲在女孩子跟前，连哄带说。那女孩一边吃蛋糕，一边点头或摇头。吃完了，妈妈帮她擦好手和嘴，又帮她整好红领巾。谁知她刚走几步又跑回来，扭着身子要妈妈送她进教室。

72. 交通警察

警察叔叔面对拥挤的车辆，果断地指挥着。他向东西两面的车做手势，手掌向前，往前推动，面容严肃，目光炯炯。那些车鸣起喇叭，向后退去。警察叔叔转成南北向，右手伸直后猛地内收，指示车辆通过，堵塞顿时解开了。

73. 风中骑车

风很大，街上看不到行人，只有骑自行车的人在与风搏斗着。几个骑着车从北向南顺风的人可真开心，他们简直不用脚蹬车，只让大风吹着他们的后背就能前进。他们的外衣被吹起来，像鼓满的风帆一样；他们的车飞速向前，就像顺流而下的船一样，畅行无阻。可是由南向北逆风骑车的人们情况就完全相反了。由于风的阻力，连机动车都明显地减了速，骑车人就更艰难了。他们眯起眼，顾不得理一理被风吹散乱了的头发，一个个弓着背、弯着腰，将全身的力量都用在两条腿上，使劲地蹬着车，顽强地、一点点地和风斗争着前进。

74. 上阳台

他走到倾斜40度的木板上，左腿斜着、右腿弓着，抠着砖缝，毅然迈出了第一步、第二步……眼看快到阳台了，他脚下一滑，身体立刻向下倒去。在这千钧一发之际，他迅速用手扒住墙沿，哗啦啦——一个纸箱打着"跟头"滚了下来。

75. 葡萄架上

梁凯从远处跑来了，我把这件事告诉他。他先是很吃惊，但马上两眼一转，手拍了一下脑门，神秘的一笑，跑开了。我顺着他跑去的方向一看，只见他像一只猴子，敏捷地爬上葡萄架。原来他想从这里上刘家阳台，我连忙喊道："小心点，危险!"他好像没听见似的，两脚小心翼翼地踩在支架上，双手扶着墙沿，走得很慢，蔓藤不停地颤动……

76. 妈妈送我去医院

夏天的一个下午，下着大雨。我放学后觉得头重脚轻，一到家，便倒在床上。傍晚，劳累了一天的妈妈下班回来，见我有病在床，摸了摸我发烫的额头，披上雨衣背起我就向医院走去。一路上，雨越下越大，妈妈的呼吸越来越急促，脚步也放慢了。她本来身体虚弱，背着我在风雨中行走，哪来的这股力量？医院啊，医院;你为什么这么遥远呢？我一再央求妈妈把我放下，让我自己走，可是妈妈不肯。我的眼圈红了，泪水顺着脸颊流了下来。

看完病，妈妈又把我背回家。我躺在床上，迷迷糊糊睡着了。等我醒来，发现妈妈正坐在床边。妈妈叫我吃了一碗猪肉粥后，又从厨房里拿来一碗煎好的药给我喝。药苦，但我毫不迟疑地喝下去了。

77. 汽车司机

我正在四下巡望，一辆卡车鸣着喇叭，从大院门外开进来。这卡车，像刹车失了灵，进了大院也没减速，"忽"地从我身旁驶过。我侧身低头，刚躲过被它旋起的尘土，抬头看，那车已经跑到大院一侧，"嘎——"的一声，车头向下一拱，车尾向上一翘，刹住了。车刚停下，车门开了，一位年轻的司机随着跳下车来。他把线手套从手上拽下，往驾驶座上一丢，顺势用肩膀把车门"嘭"地顶上。在他抬手摘下墨镜装进裤袋的工夫，他已走到车头旁，伸手把引擎盖掀起，让机器散着热。这一串动作，像是同时完成的，干净利落。

78. 骑车

在埋头用功的女伴肩上重重一拍，嘿，回家喽！才哼着一曲什么小调，满不在乎地荡到楼下，跨上那辆小单车飞驰而去，在清脆的铃声中飞速穿过拥挤的人流，猛地刹车在那个时髦女郎的脚后跟，或擦那位拎着篮子的老太太的胳膊，未等老太太摇头叹息说，"现在的孩子……"连忙吐吐舌头，做一个歉意的鬼脸，又飞速般骑过去，这就是我。

79. 赶公共汽车

我飞快地向前跑去。这时，身上的书包好像故意跟我捣乱，一个劲地向下滑，我只好揪揪书包带，托托书包底，又向前跑。哎呀，不

好了，帽子要掉了，我拽着帽沿，看见最后的两位阿姨也上了车，我气喘吁吁地跑到车门前，刚要迈腿，"啪"地一声，车门关上了。我的心咯噔一下：完了，白跑了，还要等下一辆。这时车门"啪"的一下又开了，我来不及多想，飞快跳上车，望着好心的售票员阿姨，我激动地说："阿姨，你太好了。"我笑着看着那位阿姨，阿姨也笑着望着我。

80. 修鞋

我不放心地提醒她要修结实点，花钱多少不在乎。她只是打量我一眼，也不管同意不同意，吧吧吧，三个钉子钉进去，接着一手拽着鞋底，一手扯着鞋帮，冲我使劲扯了扯，那意思是说："这下你该放心了吧!"

81. 锄地

我猛地站起来，紧走几步，来到她跟前。她这才挺起腰，撩开披在额前的几缕银发，擦一把汗水，微笑着向我点了点头，表示她无声的慈爱。我夺过锄头，打个手势，让她坐下歇歇，我来锄地。她连连摆着手，似乎在说："不，不!"然后她伸出手来，比划了个大圆圈，又指指自己的嘴，拍拍我身上的书包。哦，她是说她怕干活儿误了我吃饭，已把饭做好放在锅里，等我吃完饭好复习功课。我知道再争也没用，只好先回去了。

82. 补网

爷爷还有一手漂亮的补网技术。一张布满破洞的鱼网，经过爷爷的手，你几乎再也找不到原来破洞的痕迹。补网的时候，爷爷身体平坐着，两只胯弯里紧紧夹着网纲，把网拉得平平整整。你看，他左手的拇指、食指紧扣网眼，拿着网梭网刀的右手忽上忽下，忽左忽右。左手网眼一扣，右手网梭一穿，网线随着网梭翻一个滚，接着打个结，又准又快。网梭在爷爷手里，简直像长了眼睛，飞快地窜上扎下，令人目不暇接。

83. 通地沟

老大爷盯着堵住的地沟，把竹片接起来试探着捅进去，拉出来，再捅进去，不知推拉了多少次，可就是沟不通。老大爷急得直冒汗，只见他皱着眉头想了想，放下竹片，卷起袖子，俯下身去，下手掏起来。当他把堵塞物掏出来时，手臂划破了，可他毫不在意，只是大声招呼着："快，倒些水看看！"当他看到院里的臭水和人们倒的水都流进了地沟里时，脸上露出了舒心的笑。一阵秋夜的凉风袭来，他说："哟，有点凉了。"可他刚才还是汗流满面呢！

84. 妈妈认输了

但这回妈妈却认输了。去年春天种棉花，农科站派人来村传授塑膜覆盖技术，村里人大都认准了这是个"宝"。就是妈妈一手叉腰一手指着爸爸扛塑膜的肩膀说："你少凑热闹，种庄稼靠苦干，从哪儿扛来送到哪儿去，要不，我一把火烧了它。"爸爸只得给人家退回去。

半个月过去了，村里凡是搞了塑膜覆盖的，满田绿油油，棉苗齐行了。而我家呢，要趴在地里，才能看见东一撮西一棵的黄芽芽。妈妈从地里回来，她一进屋门，就呼地一下扑上炕，将正在睡觉的爸爸一把推下去："死没出息，活了三十几，连个棉花也不会种，还有脸白天睡大觉……"

秋收时节，别人家大车装小车载，成天忙着卖棉花，我家却早早"打扫"了战场。一天，爸爸把卖棉花的 200 块钱往她面前一放，说："当家的，就这些了，都交给你！"妈妈连看也没看一眼转身倒在炕上，"哇"的一声哭了起来。

我和爸爸看到她哭得好伤心，我也边劝边流泪。爸爸摇着妈妈的肩膀说："他妈，你这是咋的啦？按说 200 块钱也不算少！"

爸爸狠狠心举起了巴掌——但，却是轻轻地，轻轻地为妈妈擦去了满脸的泪花……

85. 抢化肥

乡亲们动手抢化肥，村长急得直跺脚，他大喊，乡亲们哪里听得进去，有的卸下化肥，有的把化肥压在自己的身子底下生怕别人抢走，有的已把化肥装上了车。

86. "驯化" 蚱蜢

他调皮地一笑，先把一只小的请进"小屋子"——一个火柴盒，然后左手捉住另一只蚱蜢，右手迅速掏出一根细绳，打个活疙瘩，麻利地捏起蚱蜢的一条腿，往里一套，那熟练的动作简直能与纺织厂的女工媲美。接着，小虎牵着这只蚱蜢来"驯化。"……只见他先放长手中的细线，再轻轻把蚱蜢放在草地上，神情是那样认真、专注。

87. 打枣儿

枣树开花了，结果了。青青的小枣儿压弯了树枝。奶奶常常出神地望着那没成熟的小枣儿，长长地叹气。趁她不在时，我和几个伙伴拿着竹竿，翻过低矮的院墙打枣儿。一个个满载着一兜枣儿，正准备撤。突然，院门开了，她愣愣地站在门口，我们都傻了。"这是谁干的？"她怒吼着，几步走过来，我们都吓哭了。她无可奈何地叹着气，跟跄着俯下身子，用颤抖的双手捧起撒落在地上的青枣儿，一字一顿地说："这枣儿还没熟啊！就这么糟蹋了！"

88. 劳动间隙

　　劳动间隙我们坐在田埂上。忽然，清脆的铃声由远及近，脚踏运货车在暖棚口嘎然而止，一位中年农妇轻捷地跳下车，拎着塑料桶，急速地走了过来。"阿婆，华亭宾馆急用五公斤西洋菜。"我还未来得及想象来的是何许人，那一口纯正的普通话已把人吓了一跳。

89. 吃桑子

　　桑子已经熟透了。……一颗颗还油亮亮地泛着光彩……我们大气也不敢出，小心翼翼地踮起脚，轻轻摘下一颗往嘴里一扔，呀，真香真甜！香得我们鼻子都痒痒的，舒服极了。我们玩了又吃，吃了又玩，直到太阳西下时才慌慌张张地一抹嘴，跳下树，可互相一望，忍不住笑得前俯后仰，有的嘴唇上长出一撇"红胡子"，有的嘴角染得紫红紫红……

90. 解题

　　晓鸿恰好面对窗户坐着，午后的阳光射到她的圆脸上，使她的两颊更加红润；她拿笔的手托着腮，张大的眼眶里，晶亮的眸子缓慢游动着，丰满的下巴微微上翘——这是每当她想出更巧妙的方法来解决一道数学题时，为数学老师所熟悉、喜爱的神态。

91．笔下的歌

小飞坐在座位上，埋头只顾写呀写呀。笔底下好像有源源不断的泉水涌流出来，用不到一节课的时间，一篇作文竟全写好了。

92．站着朗诵

每当我做作业时，笔尖沙沙响，好像小鸟在对我唱歌，又好像在鼓励我你要不怕困难，勇攀高峰。她站了起来，回答得那么准确，那么自然，那么流畅，似乎早有准备似的。

她抑扬顿挫地朗诵着，声调优美，娓娓动听，举座动容。

93．跑步

他半蹲在起跑线上，左脚尖顶住起跑线，右膝跪在跑道上，两手就像两根钉子插在地上。整个身体微微前倾，抬着头，目不转睛地盯向前方，那样子，就像一只展翅待飞的雄鹰。"预备……"随着这拖长的声音，他慢慢绷直右腿，仿佛是一张拉开了的弓。"啪！"那"箭"猛然射了出去。他飞快地跑着，像闪电；像受了惊吓的羚羊；像脱了缰的野马，奔跑着……跑了一段后，他的速度渐渐慢了，可是他仍然大幅度地挥摆着双手，努力向前跨着大步。离终点不远了，他猛地抬起头，闭上眼，咬紧牙关，拼命地冲向终点。"冲啊！"周围响起了狂热的呼喊。终点就在眼前了！只见他猛一低头，身体向前冲，那条终点绳挂在他的身上，如同一条荣耀的绶带。

94. 铅球比赛

"加油！"在"果冻"的呐喊中，我班的"金刚"——陈栋，手里掂着那个沉沉的铅球，迈着有力的步子走进了铅球场地。他环视了一下狂热的"果冻"，咧咧嘴，算是给崇拜者们的一个笑容。然后，他走进投掷圈的中心，眼睛狠狠盯着投掷区最远的那个标记，那气势，简直就是下山的猛兽，使得全场一片寂静。过了一会儿，他把铅球托起，稳稳地放在肩头锁骨窝，左手向前方斜伸，右腿向后退了一大步，身体向后方倾斜。手臂上的肌肉鼓起来，脸上的肌肉也绷得紧紧的。突然，他抬起身体，用力一蹬右腿——"嘿"——随着一声暴喝，他转身猛力一推，将球奋力投出。铅球如流星一般在天空划过一道美丽的弧线后急速落到了地面。

95. 乒乓球赛

瞧她那黝黑的脸蛋，透露着一种不服输的性格，又粗又黑的眉毛下闪着一双玻璃球似的眼睛，小心地注视着对手的一举一动，机警灵活。凹凸的轮廓勾勒出了她对乒乓球的不懈追求。虽然个儿矮，也并不强壮，但她仍然疯狂地热爱运动。正如她那个令人震撼的名字——雷雨点，雷打不断！

她的对手现在是 Q 同学，她毫不示弱地举起乒乓板，习惯地耸耸肩，扭扭脖子，职业性地蹲好马步，微微抬起头，露出她那双令人望而生畏的眼睛，冷笑了一声，轻声地说："发球吧！"那个黄色的小球迅速朝她射来，她毫不犹豫地一侧身子，抢起胳膊，"啪"地一下打了回去。谁知，对手也不甘示弱，又一个直射球。她警觉地皱了皱眉头，左脚往后一跨，右手对准球用力一推，眼睛一刻也不离开球。对手直接一个"杀球"，使她防不胜防，输掉一球！

"可恶！"她咬了咬牙，伸手抓来一条毛巾，擦擦汗，又随便扔了回去。

"小子，不错嘛！"她握紧了板子，轻轻地把球往空中一抛，以闪电的速度把球运了过去，留下两声脆响。对手是个能将，不好对付。时间过去了很久，也没分出个胜负。她心里有些着急，那黄色的小球似团小火焰，烧得人心里发慌，尽管她左闪右闪，提打旋杀，对手却纹丝不动。

她心中很是恼火，额头上的汗珠都要发烫了，她一声怒吼，眉毛把汗搅在了一起，球"刷"地蹦了过去，正中对手要害，对手往后一个踉跄。冷不防输了一个球。

96. 足球赛

一比零我方领先。

严嘉逸为首的，2班队。展开了如潮水般的攻势，王若严、严嘉逸、肖月、林振嘉四位前锋，在我们的前场打着短传渗透，可是邵聪是个一流的后卫，在他们传球的两点一线间，邵聪一个倒地飞铲，把球断了下来，闻兆庚，灵敏的用后脚跟一扫，球不偏不斜到了程飞脚下，程飞一个转身过了李继传，可是，程飞却因速度不够，无法摆脱林振家的看守。但林振嘉却无法断程飞得球，情急之下，林振家，采取了犯规战术拉到了程飞。一班队又得到了一个位置绝佳的任意球。只见邵聪占到球前，飞快的跑到球边，一跳，原来是个假动作，在后面的程飞，跟上，抬脚便射，准确地传到了假试播的头顶，突然，球神奇的画了一道弧线，直奔球门右上角，站位不好的王威森扑救不及，程飞把比分扩大成3:0！这个进球，无疑打碎了2班队扳平的希望。可是，好景不长，2班队利用脚球的机会，由李继传在中路，打进了

一计惊天地泣鬼神的进球。进这个球，我们还领先两分，可是2班队的士气却起来了。

97. 捉蝴蝶

小丽抿着嘴，弓着腰，蹑手蹑脚地，一步一步慢慢地靠近它。靠近了，靠近了，又见她悄悄地将右手伸向蝴蝶，张开的两根手指一合，夹住了粉蝶的翅膀。小丽高兴得又蹦又跳。

98. 篮球运动

他弯着腰，篮球在他的手下前后左右不停地拍着，两眼溜溜地转动，寻找"突围"的机会。突然他加快了步伐，一会左拐，一会右拐，冲过了两层防线，来到篮下，一个虎跳，转身投篮，篮球在空中划了一条漂亮的弧线后，不偏不倚地落在框内。

99. 做实验

他50多岁了。戴着一副高度近视眼镜。他战战兢兢取下眼镜，用衣服的下摆随手擦了擦镜片。"嗯嗯……"他刚要讲话，忽然想起了什么，手忙脚乱地在盘子里找了找，又匆匆往口袋里掏了掏，掏出了一盒火柴，这才放心地又"嗯嗯"两声，站直身子，用特别响亮的声音说："现在开始看老师做实验！"

100. 毛老师

教室里打得乌烟瘴气。毛老师气咻咻地站在门口，他头上冒着热气，鼻子尖上缀着几颗亮晶晶的汗珠，眉毛怒气冲冲地向上挑着，嘴却向下咧着。看见我们，他惊愕地眨了眨眼睛，脸上的肌肉一下子僵住了，纹丝不动，就像电影中的"定格"。我们几个也都像木头一样，钉在那里了。

101. 手工捏泥人

老人的双手很灵巧，一个泥人在他手里诞生，只要几分钟。看他又拿起一团泥，先捏成圆形，再用手轻轻揉搓，使它变得柔软起来，光滑起来。接着，又在上面揉搓，渐渐分出了人的头、身和腿。他左手托住这个泥人，右手在头上面摆弄着，不一会儿，泥人戴上了一顶扁扁的帽子。

102. 做饭的奶奶

她看见奶奶站起来，双手抓着锅盖向上揭。吃力地揭了几次，才稍稍揭开一条缝，一股浓烟从灶口冲出来，差点熏着奶奶的脸。奶奶随便用袖子拂了拂布满皱纹的脸，又摇摇头，自言自语地说："老了，不中用啰！"

103. 她的表情

她那张小嘴巴蕴藏着丰富的表情：高兴时，撇撇嘴，扮个鬼脸；生气时，撅起的小嘴能挂住一把小油壶。从这张嘴巴说出的话，有时能让人气得火冒三丈，有时却让人忍俊不禁，大笑不已。

104. 包馄饨

她把一叠馄饨皮儿都拿在左手心里，右手用筷子头挑一点馅儿，往皮儿里一裹，然后左一捏，右一捏，一只馄饨在她手中"诞生"了。

我拿起面皮，用筷子夹起馅，小心地放在面皮上，两手使劲一捏。只觉得粘糊糊的，仔细一看，"哎呀！"我不禁喊出声来，原来是我用力过猛，挤破了面皮儿，馅冒出来了。我赶紧"急救"，又从另一边冒出来了。我急忙又用另一块面皮儿裹住那一边，才算堵住了"漏洞"。我终于用三块面皮包了一个饺子。

105. 洗衣服

她在脏衣服上打上肥皂，就"哼哧哼哧"地搓起来，一个个小肥皂泡儿从衣服上冒出来，一会儿就变成了一大堆白沫子。

106. 做饭

我先在锅里倒入少量的油，等油冒烟的时候，我赶紧把鸡蛋倒入锅中，只听见"嚓"地一声，鸡蛋在油锅里迅速泛起，它地边缘多像小姑娘裙子上的花边。

107. 拖地板

我把拖把在水池里涮了又涮，再拧干，然后弯下腰，前腿弓起，后腿绷着，"哼哧哼哧"拖起地来。

108. 针线活

　　轻飘飘的一根针，在我手里好像很重很重似的，每缝一针都让我费很大的劲儿，刚缝了几针就累得我开始冒汗了。

　　轮到我们钉了。我迫不及待地把线浸了唾沫，捻了捻。可是我一捻，把那几个小毛头捻得又细又长，穿针得时候，穿来穿去就是穿不进去。我只好把毛头拽下来才穿进去。接着，我在线的末端打上结，由于线上有唾沫，打结的时候，老是粘住手指，好不容易才把结打好。

109. 学游泳

　　开始游泳了，我先取出泳镜戴好，脚往地上一蹬，像一条灵活的小鱼一样一下子窜入水中，我在水中把脚向内勾起，两只手从胸口处快速的向外伸展开来，脚也随着手由内而外蹬了起来，连续做完这几个动作，我憋不住气了，赶紧把头浮出水面，以迅雷不及掩耳之速深呼吸了一次。马上再次潜入水中，以免因为在水面过于长时间而使身子往水里沉；接着我继续以那个姿势向前游动。

110. 交作业

　　近了，更近了，组长终于来到他的身边，像一座泰山定在他面前，嚷道："快交作业，快交作业！"他"嘿嘿"一笑，表情是那样滑稽，又是那样神秘，猛然，他把头一扎，像一条滑溜溜的泥鳅从组长胳膊旁闪过，脚底像抹了油一样飞奔逃走。

111. 吃饭

她拿起筷子，向一盘色泽鲜艳的菜伸去，轻轻夹起一片端着，小心翼翼跟随着筷子。本来筋脉突兀的手此刻一用力青筋更加明显。用左手放在筷子下方，她小心地把菜放入嘴中，细细地品尝着。

112. 风雨中的老人

十字路边有一个老妇人，略微有些驼背，胖胖的身躯，费力地打着伞在空旷的路上艰难地行走。狂风夹着大雨扑面而来，她使劲向前躬着身子，抓紧伞，进一步，退半步，踉踉跄跄地向前走着。

113. 赛跑

施轩的脚步很均匀，双臂一前一后地摆动着，双脚越迈越快，身子向前倾斜着，像要倒下似的，奋力向前迅跑。跑到终点线处，她头一抬，胸一挺，终于取得了第一名。

114. 追蝴蝶

她又看见了一只蝴蝶，便调皮地奔过去，蝴蝶上下飞舞，她目不转睛盯着蝴蝶，终于，蝴蝶停在了一朵花上，她躬着背，手中间隔着点空隙，脚尖小心翼翼踮着，汗珠从她的脸上滴落下来，她蹑手蹑脚地走到蝴蝶旁，猛地一弯腰，双手把花朵上的蝴蝶一捧。又小心地把双手露出点缝，把头靠在手缝上看，一不小心让蝴蝶飞出了双手，她又急又气噘着小嘴，双手往腰上一插，但马上又像只小鹿似的蹦跳着追赶另一个目标去了。

115. 捉鱼

小姨将双袖向上一挽，裤脚也被卷到了大腿。她在小溪水里慢慢移动着，左脚轻轻地抬起一点，向前迈了一小步，右脚再慢慢拖向前，好像穿着千斤重的鞋。她把帽子扭了扭正，躬着背，低着头，眯着眼，双手做出捧东西的样子。这时，她停下脚步，不再东张西望，对着右边的一个地方目不转睛，猛然把手向水中一扎，将一条小鱼捧在手中了。

116. 穿鞋

奶奶将右脚绷着，向鞋子口里溜进去，筋脉突兀的手紧紧抓着门框，将左脚轻轻抬起，紧绷着的脚小心向鞋口一插，又往里扎了扎，接着踩了几踩，让自己的脚更舒适些，满意地出门了。

117. 球赛

一个争球，我就给我们队立下了第一功，球当然落在了我的手里，对手在第一球就败在了我们的手上，当然是势气低落，被我赶到内线，一个妙传加一个妙投，当然，球也就十分"自觉"地落入了球网之中，我们队的成员都在欢呼雀跃着，沉浸在欢乐之中，当然，势气高涨，一鼓作气又投进了一个球，我们有点洋洋得意，被对手有了可趁之机，他们想来个绝地大反攻，企图拿下1分2分的，可眼尖的我看出了点苗头，一个挡3、4个人，真有"一夫当关，万夫莫敌"之感，可就凭我一人之力，又有何能耐，挡住他们猛烈的攻势呢，所以，我也回天无力，被他们反攻，进了一个球。接下来，我们认识到了自己的缺点，改正了自高自大的弱点，团结合作，将他们彻底打败，最终，以 8：2 的明显优势获得了胜利。我一个人就拿下了 6 分，成为了全场的焦点。我们站在操场上，自豪地看着败者，活似一个个打了大胜仗的威武大将军，高兴极了。

118. 张老师的粉笔

张老师首先轻轻的拿起粉笔，然后慢慢地转过身，把右手高高的举起，放在黑板上，头对着同学们，眼睛目不转睛的盯着那个小朋友，安静了，张老师才转过头开始写字，过了一会，黑板上就有了四个醒目的大字，最后张老师抬起手。全身对着同学们，把粉笔放在粉笔盒里，开始上课。

119. 运动会

学校召开春季运动会的时候，我们班当观众，在跳远的比赛场地附近，我可以仔细观察跳远的过程。比赛开始了，穿着蓝色校服的跳远运动员排着整齐的队伍来到跳远场地。

经过点名以后，第一个比赛着整齐的队伍来到跳远场地。经过点名以后，第一个比赛的是 413 号运动员，他不慌不忙的走过来，踢踢腿，甩甩臂，弯弯腰。只见他眼睛注视着沙坑的位置，片刻然后摆起两臂大踏步助跑，越跑越快，当他跑到踏跳线上的时候，左脚猛的用力一蹬，身子像飞燕一样腾空而起，向前跃去。只听观众场地一阵热烈的掌声，他夺得了跳远比赛的第一名。

百米短跑运动员已来到了起跑地点，他们各自都在做准备活动，我仔细观察着我们班的运动员都在做准备活动，我仔细观察着我们班

的短跑猛将 423 号运动员，她先双手叉腰，右脚后跟抬起，脚尖着地用力转自己的脚腕，她又用同样的方法活动了左脚腕。紧接着她又原地高抬腿跑步。最后，她前腿弓后腿绷双手按住膝盖，活动膝关节。

只听"各运动员作准备"，423 号运动员马上来到自己的起跑地点，身子成蹲姿前曲，左脚尖顶住起跑线右膝盖着地，双手四指并拢，与拇指叉开在腿的两侧压住起跑线。这时发令员高喊"各就各位，"机灵的 423 号运动员立刻抬起臀部，两腿伸直身子成弓形。随着砰一声枪响 423 号像离弦的箭冲向前方。

120. 蹒跚的父亲

我看见他戴着黑布小帽，穿着黑布大马褂，深青布棉袍，蹒跚地走到铁道边，慢慢探身下去，尚不太难。可是他穿过铁道，要爬上那边月台，就不容易了。他用两手攀着上面，两脚再向上缩；他肥胖的身子向左微倾，显出努力的样子。这时我看见他的背影，我的眼泪很快地流下来了。

121. 刘姥姥进大观园

刘姥姥……到了荣府大门前石狮子旁边，只见满门口的轿马。刘姥姥不敢过去，掸掸衣服，又教了板儿几句话，然后溜到门角前，只见几个挺胸叠肚、指手画脚的人坐在大门上，说东谈西的。刘姥姥只得蹭上来问："大爷们纳福。"

122. 一夜的工作

他一句一句地审阅，看完一句就用铅笔在那一句后面画一个小圆圈。他不是普通的浏览，而是一边看一边在思索，有时停笔想一想，有时还问我一两句。

123. 追逐

她又看见了一只蝴蝶，便调皮的奔过去，蝴蝶上下飞舞，她目不转睛盯着蝴蝶，终于蝴蝶停在了一朵花上，她躬着背，手中间隔着点空隙，脚尖小心翼翼踮着，汗珠从她的脸上滴落下来，她蹑手蹑脚地走到蝴蝶旁，猛地一弯腰，双手把花朵上的蝴蝶一捧。又小心地把双手露出点缝，把头靠在手缝上看，一不小心让蝴蝶飞出了双手，她又急又气噘着小嘴，双手往腰上一插，但马上又像只小鹿似的蹦跳着追赶另一个目标去了。

124. 雨中奔跑

小伙子跑得不错，已经从起跑冲刺进入途中匀速跑。他像一匹马驹昂头急奔：步幅匀称，步频紧凑，蹬动有力，腰肢放松——整个动作显得优美而富有弹性。

125. 排球人生

在郎平排球生涯的头一次冬训里，教练们开始给郎平吃"小灶"。长跑——郎平围着四百米跑道一圈又一圈向前跑……头好胀啊，胸口生疼，腿已经抬不起来了，停下吗？不！大脑清晰地发出指令，步子继续向前迈……汗水早把头发湿成一缕一缕，汗珠从额上流到嘴里又苦又涩。多想一下子躺到跑道上，摊开四肢放松啊！突然，一丝奇怪的笑容爬上她的嘴角——她忽然想起小时候，总盼着尝尝再跳不动皮筋的滋味，而今果真尝到了，又苦又涩。

126. 冰上比赛

枪声一响，两个姑娘如离弦之箭，向前冲去。她们动作协调有力，在冰面上轻快地飞驰，仿佛两只飞燕，在紧贴地面飞翔，你追我赶，互不相让。最后，在教练员和观众热情的加油声中，两人几乎同时像一阵旋风冲过终点。

127. 作画

只见一个男同学走上台来，不声不响地摊开一卷白纸，提起饱蘸浓墨的毛笔，略微沉思一下，龙飞凤舞地画起来。随着毛笔的不断泻染，画纸上出现了一匹栩栩如生的骏马。它昂首奋蹄，显示出一股不可阻挡的巨大力量。

128. 捉蚂蚱

我屏住呼吸，两手弯成弧形，慢慢地靠近它，然后猛扑向前，两手迅速地一扣。哈哈，看你往哪里跑！婷婷也蹲下来看。我慢慢松开手，哎，我手里攥着的只是那棵蚂蚱趴过的草。"怎么回事，我明明看见这趴在这里么。"表妹说："蚂蚱蹦了出去，你没注意罢了，那不，它在那儿。"我顺着表妹手指的方向看去，蚂蚱果然在那儿。我又跑过去一扣，嘿，又跑了。我环视着草丛，啊，它竟然躲在我的脚底下。我盯着它，轻轻地蹲下来，两手在离蚂蚱大约10厘米高的位置，猛地一扣，"抓住了，抓住了！"我高兴极了，表妹也兴奋地围着我跳。

129．捉蝈蝈

我十分小心地把两只手弯成弧形，然后对准蝈蝈一扣。可蝈蝈非常灵敏，一下子就蹦到了地上，我又用手一扣，不但没扣着，反被蝈蝈狠狠地咬了一口。我"急中生智"把帽子从头上抓了下来，然后小心翼翼地对着地上的蝈蝈扣了下去……

130．追蜻蜓

他发现塘边的狗尾草上，正停着一只红色的蜻蜓。只见弟弟瞪着眼，猫着腰，身子向前倾斜着，极慢极慢地向前移动着脚步，突然他把手一伸，两个手指一掐就把蜻蜓捉住了。蜻蜓拼命挣扎着，弟弟乐得又蹦又跳。他用一根细线扎住蜻蜓的长尾巴，一手掐住细线的另一端，放开蜻蜓，蜻蜓就飞起来了。他跟着蜻蜓飞跑，口里还大声嚷道："我坐飞机了，我坐飞机了。"

131．小孩的气球

小小还不会说话，我们给他买了一串气球挂在屋里，气球不停地飘动，他就冲着气球"啊、啊"地叫，还不时蹬动着两条粗粗的小腿。过了一会儿，只听"啪"的一声，气球爆了。小小吓了一跳，身子往后一仰，一个跟头栽了个四脚朝天，还一个劲儿地乱叫，样子十分紧张，可见把他吓得够呛。毛毛姨赶快把他抱起来，他吓得把屎拉在了毛毛姨的裤子上。

132. 舞台上的舞蹈

随着乐曲的明快节奏，红丝绒幕布升起来了。五光十色的灯光在舞台上左旋右转，忽明忽暗。一位年过半百的老奶奶轻松自如地出现在舞台上。她身着印度绸褂，满面春风，只见老奶奶伸出左手向上举起又落下，又伸出右手做同样的动作，双脚不停地踏地。一会儿做个"对佛掌"的姿势，一会儿又做个"乌龟伸脖"的姿势，真够劲！她一个"请"的动作，竟请出来了4位老奶奶。她们一会儿变成一行，一会儿变成两行，优美的"八步舞"跳得好极了。

133. 看电视

半夜三更的，刘爷爷手忙脚乱地把他家的电视机调到了最大音量。顿时，全院响起了振奋人心的奥运会会歌。看到中国运动员入场时，刘爷爷兴奋得挥舞着烟袋，瞪大眼睛，目不转睛地望着屏幕上的中国运动健儿，高兴得眉飞色舞，随手把烟袋往床上一扔，两手一拍大腿，由衷地赞道："棒！精神！还是中国运动员精神！"

134. 嗑瓜子

她闲着的另一只手却在不断地从旁边的纸袋里掏瓜子，掏一颗就扔进涂着玫瑰红嘴唇的嘴巴里，嘴唇紧闭着，牙齿间"嘎"的一声轻响，然后下巴一动，两片瓜子壳像出土的笋尖一样从嘴角两边冒出来，无声地滑落下去。

135. 补车胎

星期六下午，我到自行车铺去补内胎。一位修车的老爷爷，把我的车高高挂起，接着他用撬板往瓦圈与外胎之间撬几下，轻而易举地扒开外胎，又用左手小心翼翼地把内胎抽出来。充气之后，先把内胎放进一盆清亮的水里，只见水里"咕噜""咕噜"直冒泡，老爷爷赶忙拿出车胎。然后就用木锉把有洞的地方，有节奏地锉了几下，那儿的皮子就变得薄薄的了。他找来一块小小的内胎，剪成一个圆块，又锉了几下，随后把锉过的地方抹上胶水，粘在有洞的地方。过了一会儿，老爷爷又把内胎放在水中试试。他一点一点地移动内胎，仔细检查，确信没有漏气的地方以后，这才放心地放进外胎里，把气打得足足的。他站起身来，高兴地对我说："没问题了，可以骑了。"

136. 偷吃东西

坐在最后排的大杨阳上课偷偷吃东西，只见他把脑袋尽可能低下去，把嘴巴伸进抽屉里，飞快地咬了一大口烧饼，然后紧抿了嘴巴咀嚼，两只耳朵被嘴角的肌肉牵扯着一动一动的，整个教室后面跟着飘散出一股芝麻的焦香。

137. 剥花生

猴子剥花生最有意思，简直跟人没什么两样，也是两手拿着花生在嘴边轻轻一咬，咬破了外壳，而后在手里剥去壳，把花生仁托在手心，两只手掌并拢了搓一搓，搓去那层红色的仁衣，再举到嘴边呼地一吹。仁衣飞走了，白白胖胖的花生仁留在手心。

138. 换灯泡

　　"灯泡坏了，灯泡坏了!"我们嚷嚷着。何老师知道了，手提工具袋，扛着梯子上了楼。他来到电灯下，把梯子靠墙放好，然后走到开关下，一拉灯绳，灯泡果然没亮，他又拉了下灯绳。接着，他移动梯子，对着电灯支稳，双手扶着梯撑，小心翼翼地一撑一撑地爬上去。到了顶端，他抬起头，用右手扶着天花板，左手慢慢地拧着灯泡，把灯泡拧下来后，他又从衣兜里掏出一个新灯泡拧上去。装好后，他再一撑一撑地从梯子上爬下来。走到开关处，拉了一下开关，电灯亮了，射出耀眼的光芒。我们拍着手又嚷嚷起来:"噢，修好了! 修好了!"何老师看着我们笑着说:"你们这群小麻雀，就会嚷嚷，什么时候才会换灯泡呢?"

139. 炒菜

　　妈妈先把白菜一片片洗干净，又一片片摞起来，左手按住菜，右手拿起刀，一刀一刀地切着，把白菜切成一个个的小方块，剩下的菜叶放在旁边。

　　开始炒菜了。妈妈先把锅坐在火上，等锅烧热后，再把油倒进锅里，不一会儿，锅里腾起了油烟，发出"嗞嗞"的声响。妈妈先把切好的葱花扔进锅里。等葱花变黄，腾起一股香味，又把菜倒进锅里，抄起锅铲，不停地翻动着。等菜慢慢由白变黄，妈妈再倒入酱油、醋，撒上盐，接着用铲子翻动了几下，撒上白糖、味精，迅速把锅端下来，翻炒了几下，就出锅了。

　　妈妈炒的"糖醋白菜"，甜丝丝，酸溜溜，香喷喷，吃起来别有风味。这是妈妈的拿手菜呢!

140. 妈妈给我取暖

记得一个寒冬的下午，天气比较冷。我在做作业，妈妈在做针线活。

夜深了，天气变得更冷了，我的手直打颤，不敢写了，怕把作业做坏。这时，妈妈走到了我身旁，关心地对我说："冷吗?"我轻轻地把我的手夹在她的两手之中。顿时，我觉得无比暖和。在她的鼓励下，我终于认真地完成了作业。

141. 妈妈给我刷鞋

记得还有一个隆冬的早晨，天气很冷。为了御寒，我和伙伴们到小河边滑冰。我一不小心，双脚跌进了石灰坑。我好不容易把脚提出来，可皮靴里已塞满了石灰。"不能穿了"，我果断地把皮靴脱掉，准备要妈妈给我洗，又一想：妈妈会批评我的。最后，我想出了一个两全其美的办法，把皮靴藏到门缝里，等天气暖和一点再洗。

第二天，天气稍微暖和一点，我就去洗皮靴。但门缝里皮靴的影子都没有。我着急得差点哭起来，过了一会儿，镇静下来，就到别处去找。刚找到后门，就听见熟悉的"唰、唰、唰"声。这不是妈妈的手工作时的声音吗? 我随着声音走去，在天井里，我发现了妈妈，她正在为我洗皮靴。她的手冻得红红的，裂开了几条缝。

虽然天冷，但是从妈妈的两颊中仍然掉下几颗晶莹的汗珠，我走到她的身边，夺下刷皮靴的刷子，一边说："妈妈，我来洗。"妈妈关心地说："振振，我来洗。"我怎么也不答应，可是，她已经把皮靴和刷子夺去了。最终，还是妈妈洗了。她洗完后，又一丝不苟地烤皮靴，当我重新穿上皮靴时，眼睛已被泪水模糊了。

142. 我的奖品

今天上课时，老师拿着一堆印着"优秀学员奖"的包走进了教室。我的心里立刻犯起了嘀咕："这个包应该是奖励给优秀学生的吧？可我这段时间表现得不太好，我能不能得到奖励呢？"老师把包放下后，便问起大家期末语文考试的作文成绩来，还让作文得满分的同学举手。我的心里又有了疑惑："老师是不是要把包奖励给作文得满分的同学呢？"我带着这个疑问举起了手。

老师数了数人数，又说："作文得满分的同学奖励一个包。"我高兴极了，"腾"地一下从座位上站起来，从老师手里抢过包，赶忙抱在怀里，像得到了金元宝一样。我拿在手里不住地看，一会儿拉开拉锁瞧一瞧，一会儿读读上面的字，高兴得爱不释手。要知道，这是我在这个班里得到的第一个奖品。我一定会把这个珍贵的奖品好好保存。

143. 踱步的老师

上课时，刘老师双手放在身后，低着头在教室里来回走动，似乎在寻找什么？他到底在干什么呢？

突然，他用右手拍了拍自己的后脑勺，迅速走到讲台前，在讲台上来回翻动，又拉开抽屉，可还是没有找到他要找的东西。

这时，他自言自语地说："哪去了呢？"边说边摸了摸口袋。当从口袋里抽出一支笔时，他开心地笑了。马上坐到讲台前，拿掉笔盖，快速地写了起来。

我想：刘老师把笔放在自己的口袋里都忘了，他的记忆力可真差呀！

144. 老师捉蝴蝶

吕老师捉蝴蝶的时候蹑手蹑脚地走过去，他弯着腰，伸着脖子，屏住呼吸，眼睛紧盯着蝴蝶不放，举起手猛地一捉，蝴蝶成了他的俘虏。

145. 练气功

吕老师站在椅子上，双脚叉开，双腿半蹲，眼睛微微闭上，均匀地呼吸着。手像抱着大元宝一样张开，慢慢地，手挥动起来，像在打麻将，还像在打"太极拳"。

146. 酒鬼

一个酒鬼摇摇摆摆地来到一个人前面，眼睛瞟了瞟对方，左手拿出一支香烟抽了抽，拿出右手，一下子把对方打得半死。

147. 亲子运动会

今天烈日当空，火辣辣的太阳照射着大地，也是我们学校一年一度的亲子运动会，大家都很高兴，因为能和自己的爸爸妈妈一起努力来为各自的集体争光。

到了我们要去的运动会体育中心，同学们在老师的带领下有条不紊的进入会场，我们班的同学个个精神抖擞，斗志高昂。心中只有一个心愿：希望这次运动会能拿全年级第一名。运动会开幕仪式开始了，校长在广播里发言说："同学、老师、家长们，你们好，今年一年一

度的亲子运动会现在开始了!"全校同学身穿整洁的校服,排着整齐的队伍,在运动场地走起了方块队,口里喊着自班的口号,我们班的口号喊得特别的雄武:"1234、1234!四五四五!能文能武,第一第一!非我莫属!"结束了方块队仪式,紧张的运动会开始了!

今天的运动会项目可丰富了,有家长跳长绳,有家长和孩子越过障碍物接力比赛,还有长跑60米到800米的跑步……

最精彩的项目是家长和孩子越过障碍接力比赛,唐老师的枪声一响比赛了,只见我们班的韦亮宇同学紧握接力棒,跨过障碍物,把接力棒传到下一位家长,我们班的拉拉队也在一旁加油助威,同学们的呐喊声此起彼伏,比赛在紧张的进行着,忽然,一位家长因跑得过快失去重心摔到在地。'不好,这可怎么办,比赛还可以继续吗?'在一旁的同学都愣住了,只见这位家长并没有气馁,忍住伤痛继续坚持比赛,加油!加油!同学们喊得更响亮了,比赛结束了!我们班同学和家长通过努力取得了第二名的好成绩。

汗水和笑容流淌在他们的脸上,荣誉传动在大家的心里,虽然这次运动会大家都非常的累,但大家都非常的高恨。

148. 黑板上作画

姚志彬一条腿跪在凳子上,另一只脚高高踮起,一只手标杆似的伸得老高,口里不停地喊着:"我!我!……"可能是等不及了,自己就两步冲上了讲台,抓起布条,蒙住眼睛,使劲一勒,摸索着捏起一支粉笔,很自信地开始在黑板上给"娃娃脸"添上了两只耳朵,顿时黑板上出现了一个下巴上长耳朵的"四不像"。教室里笑声震耳欲聋,杨云鹤头使劲抵着桌子,一只巴掌啪啪地使劲拍着桌子,笑得脖子都红了。卢浩的整个身子向后仰着,双脚不停地在地面上跺着。

149. 家长会

我在家里心神不定地等待着家长给我开完家长会回来，因为每次回来我父母脸上的表情都由晴转阴，平平的眉心都皱了起来，让我觉得非常恐怖。"砰，砰，砰！"沉重的敲门声……有一种不祥的预感涌上我的心头，此刻的心扑通扑通的跳着，使我忐忑不安。我发出颤抖的声音："等等！"我"嗖"的一下从椅子上跳了起来，整个身子僵硬地慢慢移了过去，心想：惨了，我一会儿要怎么去面对爸爸妈妈？我紧张地走到门前，只听外面是爸爸等得不耐烦的声音。

我把一只一直在颤抖的手放在了门把手上，心想：开门吧，你总要去面对，谁让你以前不努力学习了？我的手一使劲，"咔"的一声。门开了，爸爸的脸一点一点的出现在我眼前。"爸，你回来啦！""恩。"爸爸冷冷地回答。"生气了？"我小心翼翼地询问。"恩。"又是一声恩，看来真的生气了，我沮丧的倒吐出一口气。

150. 妈妈的失望

妈妈严肃地走进门，脸上找不到往日和蔼的笑。她语气严肃地叫我过来，眼睛里闪着气愤的光芒，脸色也显得黯淡，表情也有些沉重。她用力拍着我的肩膀，仿佛在给我施加重力，我的身体颤了。她的眉毛紧紧地凑在一起，腿也齐齐地并着，手交叉着握在一起。嘴轻轻嚅动一下，却发不出声音。我呆呆地望着脸色沉重的母亲。母亲神情呆滞，眼光中投射出失落与失望。

151. 发怒的妈妈

门铃响了，我便跑去开门。只见，妈妈怒发冲冠，双眼直瞪着我，很生气地走回屋坐在沙发上，用手指了指，让我过来坐下。我低着头，双腿一小步一小步快走过去，坐了下来。妈妈一手拿着试卷，另一只手在卷子上指指点点的，严厉的批评了我，并告诉我不应该出错的地方，我只顾着点头，感觉脸上火辣辣的。终于教育完了。我缓慢走回房间。

152. 生气的阿姨

表弟又把小姨惹生气了。只见小姨把黑眼珠一瞪，嘴角微微向下弯起一条弧线，把手中的试卷捏得紧紧的往桌子上一拍，厉声道："怎么又考这么差！"吓得表弟一动都不敢动，嘴巴紧紧地闭着，不敢出一点声。

153. 体育课

"铃铃铃"那讨厌的铃声又冲进我的耳膜。又要上体育课了，又要测那800米了！做完准备活动，我们不情愿地站在了那红白跑道的起跑线上，老师举起手，一声令下，开始了。我和几位同学冲在最前面，我用力地摆动双手，使劲地蹬着脚，不一会便冲到前列。

一圈过去了，我的体力也已经消耗了一半。我大口大口地呼吸，双腿不听使唤地打颤，双手渐渐下垂。我深呼了一口气，咬了咬牙，攥紧了拳头向前冲去。一圈又过去了，还剩下200米。我的腿像灌了铅般沉重，抬不动。眼睛迷离地望向那梦寐以求的终点。我不由自主地伸出右手，使劲向前抓，希望能将终点抓住。几个同学从我身旁冲了过去。周围一片寂静，我只听到我沉重的呼吸和"怦怦"乱跳的心脏的声音。我使劲地睁大眼睛，努力地迈着步子，终于，我冲过了终点，得到了第二。

154. 生气的爸爸

开完家长会，我爸回来。十分气愤地走了进来，打开我屋门，冲了进来，十分严厉的说："你这次怎么考得如此糟糕。"我刚要说话，他就站起来拍桌子说："你没有什么可以解释的。"

155. 颤抖的妈妈

妈妈回来了，我心惊胆战的打开门。只看妈妈站在门外，表情十分愤怒，拎包的手在微微颤抖。"啪"地一声把门死死的关上，大步走了过来。我不住的冒冷汗，身体不由得往后退。妈妈一把拉住我，大喝一声："考第四名，和第一名分数差那么远！"说完，手"唰"的一下抬上去，眼看就要打到我了，我闭上眼睛不敢再看。只听"慢~"救兵爸爸来了，我总算得救了。妈妈的怒气到达顶峰，一把将我拉起来，又是一阵一阵的怒吼。

156. 和爸爸谈话

爸爸生气地拉开了家门，眉头紧锁着。从包里拿出了记录的小本和妈妈说了几句，便大步地向我走来，我的心怦怦地跳着，他一把拉过椅子，坐到我的面前，开始跟我谈了起来。

157. 奔跑中的运动员

　　摄影师立刻把镜头转向了刘翔，刘翔对观众微微一笑，挥手致意。快要开始了，他自信地走到起跑线前站定。这时，裁判员大喊一声："各就各位！"他稳稳地踩在助跑器，半蹲着。左脚在前，右脚在后，两只胳膊像柱子一般扎在地上，表情严肃郑重，眼睛全神贯注地注视着前方。只听："预备！"他迅速地把上身抬起，身体向前倾斜。

　　"砰——"的一声——

　　开跑了，刘翔就像离了弦的箭，飞了出去。据透露，刘翔这次的前三步迈得很大，所以超过了其他选手。可以说一开始就遥遥领先。此时此刻，观众们的眼睛一点也没有眨，终于他到达终点。"第一！"观众高兴的不得了，一下子站了起来，全场掌声雷动，激动得都要哭出来了，只见刘翔身披鲜艳的红旗，绕场慢跑了一圈。

158. 讲台上的马小跳

　　只见马小跳的眼睛滴溜溜的转了几圈，目光停在了讲台上的粉笔盒上，他高兴地说："有办法了！"他说干就干，拿来了一张椅子，放在门前，把门打开一点小缝隙，踩到了椅子上，再拿粉笔盒放在上面，没想到不够高，于是，他踮起脚尖终于把粉笔盒放了上去，然后他再把椅子搬回座位上。同学们看见了议论纷纷：

　　"你怎么可以这样做呢？"

　　"到时候老师来了你就完蛋了"

　　"他还是我们这组的组长呢！"

159. 武松打虎

武松正走，看看酒涌上来，便把毡笠儿掀在脊梁上，将哨棒绾在肋下，一步步上那冈子来；回头看这日色时，渐渐地坠下去了。此时正是十月间天气，日短夜长，容易得晚。武松自言自说道："哪得什么大虫！人自怕了，不敢上山。"

武松走了一阵，酒力发作，焦热起来，一只手提哨棒，一只手把胸膛前袒开，踉踉跄跄，直奔过乱树林来；见一块光挞挞大青石，把那哨棒倚在一边，放翻身体，却待要睡，只见发起一阵狂风。那一阵风过了，只听得乱树背后扑地一声响，跳出一只吊睛白额大虫来。武松见了，叫声"阿呀"，从青石上翻将下来，便拿那条哨棒在手里，闪在青石边。那大虫又饿，又渴，把两只爪在地上略按一按，和身望上一扑，从半空里撺将下来。武松被那一惊，酒都作冷汗出了。

说时迟，那时快；武松见大虫扑来，只一闪，闪在大虫背后。那大虫背后看人最难，便把前爪搭在地下，把腰胯一掀，掀将起来。武松只一闪，闪在一边。大虫见掀他不着，吼一声，却似半天里起个霹雳，震得那山冈也动，把这铁棒也似虎尾倒竖起来只一剪。武松却又闪在一边。原来那大虫拿人只是一扑，一掀，一剪；三般捉不着时，气性先自没了一半。那大虫又剪不着，再吼了一声，一兜兜将回来。

武松见那大虫复翻身回来，双手抡起哨棒，尽平生气力，只一棒，从半空劈将下来。只听得一声响，簌簌地，将那树连枝带叶劈脸打将下来。定睛看时，一棒劈不着大虫，原来打急了，正打在枯树上，把那条哨棒折做两截，只拿得一半在手里。那大虫咆哮，性发起来，翻身又只一扑扑将来。武松又只一跳，却退了十步远。那大虫恰好把两只前爪搭在武松面前。武松将半截棒丢在一边，两只手就势把大虫顶花皮胳嗒地揪住，一按按将下来。那只大虫急要挣扎，被武松尽力气

捺定，哪里肯放半点儿松宽。

武松把一只脚往大虫面门上、眼睛里只顾乱踢。那大虫咆哮起来，把身底下趴起两堆黄泥做了一个土坑。武松把大虫嘴直按下黄泥坑里去。那大虫吃武松奈何得没了些气力。武松用左手紧紧地揪住顶花皮，偷出右手来，提起铁锤般大小的拳头，尽平生之力只顾打。打到五、七十拳，那大虫眼里、口里、鼻子里、耳朵里，都迸出鲜血来，更动弹不得，只剩口里兀自气喘。

武松放了手来，去松树边寻那打折的哨棒，拿在手里；只怕大虫不死，把棒橛又打了一回。眼见气都没了，方才丢了棒，寻思道："我就地拖得这死大虫下冈子去。"就血泊里双手来提时，哪里提得动。原来使尽了气力，手脚都酥软了。

160. 贴玻璃纸

"长约半米，宽也半米，就这么裁吧！"我拿着白色的玻璃纸，准备给窗户"更衣"。

按尺寸剪裁好了玻璃纸后，我把它们拿到了窗边的写字台上，拿起一块，在窗户上又比了比大小，正合适。我搬来了一把椅子，站在上面，开始贴纸。

我把玻璃纸背面的保护膜撕掉，露出了不干胶，两只手各拿着一个角，往窗户上贴。由于我的经验不足，这玻璃纸一点也不听我的话，像顽皮的小孩子，到处乱粘。上面的纸贴得还行，可下面的纸却错了位。只好揭开，重新贴，但它与窗户像长在一起似的，"难舍难分"，让我无可奈何。

这时，我看见了桌上的小刀，于是我用小刀小心翼翼地揭开纸的一角，然后慢慢地从这个角一点点往外撕，还好，完整地揭下来了。然后又把纸从上往下展平，这才算粘好一块玻璃。

剩下的纸可不能按这种方法贴了。这次我没有把保护膜一次都撕下来，而是撕了一半，把上半边展平后，才把剩下的保护膜撕下来。可这又让纸与玻璃之间留了气泡。我在阳台找了一块小木板，从上向下刮，把气泡赶到了一起，然后再次用小刀把这一部分纸揭开，让气泡跑掉，最后再铺平，这回比第一块贴得好了许多。我按照这种方法，很快把剩下的几扇窗户贴好了。

阳光通过这层"屏障"，不再那么刺眼了。这次给窗户的"更衣"行动终于成功了。

161. 动力来自鼓励

暑假到了，爸爸拉着我的手，和蔼地说："去学学游泳吧，练练自己地胆量，也多学会一门本领。"我害怕地望着爸爸，不住地摇头。爸爸拍了拍我的肩膀说："你肯定可以的，要相信自己哟！"看着爸爸慈爱的笑容，听着他鼓励的话语，我使劲地点了点头。

我们一家人来到游泳馆，人真多啊！看着同龄的人们在水中像鱼一样灵活地游着，看着他们欢快地嬉戏，我也想加入他们的队伍。但是望着淡蓝色的池水，我胆怯了。这时，姐姐紧紧地握住我那颤抖不已的手，仿佛要把她全身的力量传送到我体内，她为我打气道："加油哟，我陪你一起学。谁最后学会可是有惩罚的呢！""比就比！"我决定和她一较高下。

教练走过来，对我们说："你们是新学员，先学蛙泳。现在我教你基本动作。"教练说完，就跳进了水里，给我们示范起来，随后给了我一块救生板让我下水。

我害怕极了，身体不由得向后退。妈妈笑眯眯地说："不怕，没事的，老妈在旁边给你助威呢！"妈妈还夸张地做了个大力水手的招牌动作，逗得我笑了起来，前进的动力又回来啦！

下水之后，我按照教练指导的方法，抬腿，绷脚，向两侧划圆，蹬腿……我刚把头伸进水里，就被呛到了，不停地咳嗽。"你游得不错。再注意配合上换气！"教练喊。原以为格外严肃的教练会骂我笨，没想到他竟然向我竖起了大拇指，夸我动作完成得好。得到教练的鼓励，让本来想放弃的我重拾动力。

经过一星期的学习，我终于学会了游泳。如果没有爸爸的鼓励，我根本不会想到来学游泳；如果没有姐姐的鼓励，到现在我仍然会对水有一种恐惧的感觉；如果没有妈妈和教练的鼓励，我早已经半途而废了……是他们的鼓励让我有了学会游泳的动力。

162. 打水仗

我们在河边急三火四地脱光衣服，扑进小河里，立刻开始打水战，追逐嬉戏了。你看，我们分两队，一队为"敌人"另一队是"红军"。一双双小手掌把水向对方泼去，泼得人人脸上满是晶莹的水珠。水把眼睛弄模糊了，我们便各自退到一边，用手拭去，然后再猛烈"进攻"。整个小河立时一片喧哗，叫喊声，欢笑声此伏彼起，汇成了快活的交响曲。水仗打累了，就在河里追逐嬉戏。一个追，一个跑，在水里穿来钻去，小身子像条泥鳅一样滑，怎么也抓不到。河面上的欢歌笑语，在河两岸远远的荡开了。

我们这些小淘气不会顾家长的再三忠告，三五成群来到小石湾，脱下裤头，赤条条地钻进水里。又是扎猛子，又是竖蜻蜓，又是打水仗，翻江倒海，一个个像小泥鳅似的，在水里追来逐去，又喊又叫，玩耍嬉戏，真有说不出的欢乐。

163. 雨里的歌

　　几个小朋友光着小脚丫，正冒着大雨踩水玩呢！唱歌的是红红，她一边唱，一边用双手接从天而降的雨水。跟在她后面的小雨和丁丁一边"啪哒啪哒"的踩着地上的雨溪，一边有节奏地摆动着胳臂，还不时仰起头，任凭雨水劈头盖脸的冲刷。这时，我心里痒痒的，急忙甩掉鞋子，挽起裤脚，冲出房门。刚跑到红红的身后，"扑通"一声，我摔了个仰面朝天，溅起的水花纷纷落到红红身上。红红转过身，"嘻嘻嘻"的笑着说："快打落水狗！"说完，用脚划起水向我击来。我顾不得爬起来，连忙用双手捧起水向红红的脸上扬去，嘴里还乐呵呵地大叫着："来呀！来呀！"红红招架不住了，"哎哟，妈呀"地叫着，急忙用手挡住脸，扭头向后退去。"援军来了！"随着欢快的叫声，小雨和丁丁向我发起了攻击。我立即手脚并用，把一道道水柱向小雨和丁丁泼去。"嘻嘻嘻——！""哈哈哈——！"茫茫的雨幕中回荡着我们愉快的笑声。

164. 广播操比赛

　　"一二一……"一阵阵响亮，清脆的口号声，回荡在校园上空。咦，这是怎么回事儿呀？原来，今天下午要举行广播操比赛。全校师生都在集中训练，备战广播操比赛呢！

　　今天下午比赛开始了！我们排队入场，大家精神抖擞，腰杆挺直，像一个个刚入队的解放军叔叔。

　　一进操场，我们跑得笔直，嘴里还不停的喊着口号"一、一、一二一……"我往前看看，只见我们班举牌子的同学——徐欣，别看他平时做操不会做，现在葛老师让他举牌子，他倒站得腰杆挺直，一动也不动，以前上课时坐不住，看他现在举牌子的一股劲，这对一向好动的徐欣来说还真不简单哩！

做操的音乐声响起了，我们精神饱满，动作一致，个个都很投入，因为我们班同学一向都是不服输的，大家心中都有一个共同的梦想，要打赢这场比赛。

做完了操，我们紧张地回到了教室，现在，老师组织我们去看高年级同学做操，他们整齐的服装，规范的动作，形成了一道亮丽的风景。

这个皓月当空的夜晚，我睡得很香，我梦见，我们又得了一个第一名，有几个同学高兴得抱在一起痛哭，葛老师也喃喃地说道："赢了以后不能骄傲。"

165. 体育课上的练习

"又是一节体育课！""又可以打篮球啦！"当我们满怀希望地来到操场时，才发现打篮球是没戏了，汤老师倒拿出了一个新式武器：大音响。"这节课，我们来学习新的广播体操。"

"啊！"全班不约而同地叫了起来。"不过，"汤老师神秘地说，"提早学完的话可以去自由活动！"这仿佛是一枚炸弹，又炸醒了我们。

"一，二，三，四……"预备节开始了。我们先保持立正姿势，两只手从体侧慢慢向上举，快到头顶时停住，然后两手用力撑大，在头顶转两下，然后从前面慢慢放下来，转过来在体侧面，再转动两下，在两只手转动的同时，脚跟还要跟着踮起……

好不容易学完了，汤老师让我们随意组合过关，过关了就可以去自由活动。这时，有几个学得不认真地同学就抱怨起来了："我还不会做，怎么办呢？""真是的，我还没学会呢！"……这不，老师走过来给我们过关了，起先是几个人一起在过，可旁边跟着做的人越来越多了，他们都想侥幸过关，去自由活动嘛！

终于轮到我了，我第五节有好几个动作都做得不太标准，经过老师一番指点才磕磕绊绊地过了关。唉，没想到做广播操也是一件不容易的事呀！

166. 广播体操

乐声一响起，我们的队伍就开始缓缓地前进了，站定位置后，便有力地踏起步来，平时几个做早操软绵绵的同学也昂首挺胸地踏着有力的步伐，斜眼瞟去，只见同学们整整齐齐地排成一溜，一点儿没有乱。进场乐结束后，就到了本次比赛的中心，广播体操，我们来瞧瞧张博闻，他就做的很好，现在他更是精神抖擞，每一个动作都稳如泰山，一拍手、一转身都透露出一种胜利在握的神态，好像大局已定，胜利就在眼前，忽然一只小虫在他耳边嗡嗡叫着，他不动声色，依旧信心百倍，看上去还真有点英姿飒爽的味道哩。每一个动作都是那么细致到位，女生中也有好的，比如吴任青，她平时做操协调能力就显得很好，这时，她更是牢记每一个动作，别想在她身上挑出一点儿毛病。其他同学也一样，乍一看，好像是一个人在做呢，二楼的办公室，老师们都趴在窗户上，就连平时对我们挺严厉的陈老师也笑咪咪地看。二楼走廊上也挤满了老师，还有正在美术教育上课的同学也向这儿探头探脑……"吱吱——呀——"咦，怎么回事，原来录音机坏了，嘿！这并不影响我们，仍是精神饱满。终于，广播操结束了，同学们依旧如上场那么有力地退场了。

167. 敬礼的姿势

立正,保持三挺一瞪姿势。

双手五指并拢伸直,拇指尖儿与食指第二节指横线相齐,开肩,双手下垂,裤缝线处于下垂中指正中间。抬右手敬礼时,胳膊同时自然抬起后拉,手型与立正时相同,手心外侧略向上向外翻转三十度,右手中指正好轻顶在帽檐与帽圈交接处。没戴帽子敬礼,右手中指轻顶太阳穴处,保持时间为一秒钟即可,恢复立正姿势即为敬礼全过程完毕。

若向多人大集体敬礼,可稍稍延长敬礼时间二至三秒钟,如人员面积过大,还可在敬礼中,手不动,稍稍左右转动腰背,向左右众人示意,同时眼神要跟上转动的方位,恢复正面时,礼毕立正,敬礼结束。

168. 单位的球赛

在第三小节的时候,我们开始组成"3 + 2"队伍,每组队伍中由3名男同事和2名女同事组成,男女联手,互相配合,男同事负责抢球、运球,女同事负责投篮、后卫,在短短的10分钟内,在男同事的全力支持下,我们的女同事竟然也进了一球,引起了球场的一片哗声,真棒! 女同事们!

时间飞快,转眼到了最后一小节,也是至关重要的环节,同时把整个赛事推向了另一个高潮。球员们凭借纯熟的投篮技术,勇于突破防线的拼抢,以及斗志昂扬、勇往直前的气势,给在场的同事们留下了极为深刻的印象。抢球、过人、防守、进攻、投篮……,扣人心弦,令人振奋,其竞技水平毫不逊色于专业球队。

169. 考察的中国人

一九四九年九月底的一个夜晚，英吉利海峡的朴次茅斯港口，有一个身材高大的中国人，快步踏上了一艘开往法国的渡海轮船。当他穿过英伦少峡的迷雾，迎着海风走上甲板的时候，可以看见他的脚步稳重、矫健；他每一步的跨度，总是零点八五米——这是他多年从事地质工作，长期在野外考察养成的习惯。他平时迈开的每一步，实际就成了测量大地、计算岩层距离的尺子。

170. 走来的傣族少女

一群傣族少女姗姗走来，肩上扛着小纺车，手里提着小灯笼，紧身拖曳的筒裙在随风摇摆。她们的身材是那样苗条，步履是那样轻盈，仪态大方，好像一群美丽的仙子从天而降。

171. 洗手的哥哥

"铃铃"，下班了。我哥哥马上关上了机床，大步流星地奔到了水龙头旁，霎时间，那双沾满油污的"黑手"变白了。他三步并作两步地来到车棚，推出了"飞鸽"，左脚刚一蹬自行车的踏脚板，右大腿就跨过了座垫儿，屁股还没坐稳当，就"呼"地蹬起了车，"飞鸽"冲出厂门扬长而去。

172. 奔跑

小伙子跑得不错，已经从起跑线冲刺进入途中匀速跑。他像一匹马驹昂头急奔：步幅匀称，步频紧凑，蹬动有力，腰肢放松——整个动作显得优美而富有弹性。

173. 美术课

我刚打开课本，忽然看见玻璃板下压着一张图画。"鹿，我最喜欢的梅花鹿，画下来"，我心里想着，打开画氏，拿起画笔，三下五除二就勾出了一只小鹿。可是，由于我没有细致观察，把鹿头画成小山羊的头了。这多不好看哪！擦掉重画，可又画得偏右了。我只好在纸的左边另画了一只鸭子在河里游水，又把鹿头"扭"了过来，让它看着鸭子。画好了一看，还真不错。

174. 书法小组

五年级时，我参加了书法兴趣小组，在辅导老师的指导下，我第一次拿起了蘸满墨汁的毛笔。按照辅导老师的指点：拿笔要把食指和中指贴在笔杆外边，无名指和小拇指贴在笔杆里头。我一笔一画认真地写了起来。一点，一横，一竖，一捺。可这哪里像字呀，分明是三岁的小孩胡乱画：一点，是一个浓浓的大墨团；一横，弯弯曲曲像一条小蛇；一竖，却像美术上的大象腿脚一样粗；一捺，更不像话，像一把早已被人丢弃的秃扫把。我看着自己的"杰作"，哭笑不得。这几个笔画写得高低不齐，笔画也不匀称，更谈不上什么间架结构。可是辅导老师却说："写得不错嘛！看来你很有培养前途，好好练，将来准能成材。"

175. 奔驰的骏马

只见一个男同学走上台来，不声不响地摊开一卷白纸，提起饱蘸浓墨的毛笔，略微沉思一下，龙飞凤舞地画起来。随着毛笔的不断渲染，画纸上出现了一匹栩栩如生的骏马。它昂首奋蹄，显示出一股不可阻挡的巨大力量。

176. 被破坏的实验

讨厌的"臭大姐"，竟这样旁若无人，莫非想破坏我的实验？我伸出手指重重地弹了它一下。谁知没有弹开，却惹怒了这位"臭大姐"，它立刻放出一股臭味，熏得我赶忙捂着鼻子跑回屋。

177. 摔桌子的爸爸

屋里静悄悄的，只有电视机在响着。爸爸忽然把放在桌子上的手一拍，"叭"的一声，拍在了桌子上，碗、盘子、筷子都跳起了老高，桌角上那只酒杯掉到了地上，摔破了。

178. 榛子

一手把着小小的榛子，一手拿着那笨重的钳子，眼睛直直地望着榛子。钳子缓缓地落下，却常常砸到一边，不一会儿工夫，手被砸了几次。她的脸上现出痛楚的神情。

179. 老师的粉笔字

徐老师教我们语文。她每天都用那双灵巧的手拿着粉笔，在黑板上认真地、一笔一画地写着，我们不由得在笔记本上模仿着她的字写起来。

180. 捉麻雀

海涛找到了麻雀窝后，就把电筒往腰里一别，往手心里吐了口唾沫，吭哧吭哧地往上爬。爬到了麻雀窝前，他头一低，对我们说："喂，看准了，准备接麻雀！"说完，就站在另一枝树杈上，直起身子。不料，头正好碰到麻雀窝，把麻雀们吓惊了。只听得窝里一阵蠕动声，接着，几只麻雀不顾一切地冲了出来，海涛一急，伸手一抓，才抓得一只。他用手电筒往窝里一照，还剩下一只，大概因为挤不出来。叽叽喳喳地乱叫着。海涛伸手一捉，又得一只，他用塑料袋装好，朝下一扔，正好扔在小胖面前，小胖高兴地捡起来，把麻雀从袋里掏出来，看着麻雀扑腾着，扇着翅膀，他高兴地叫："真好玩儿，真好玩儿。"

181. 爬树

我听了这话很不服气，也学他那样朝树上爬，没想到我们女孩子的体力不行，才爬了一尺多，手一松，脚一滑。"扑通"一声就溜下来。但是，我并没泄气，而是又想到了比爬树摘枇杷更巧妙的办法，我让林林，丽丽拿来一根长长的竹竿，又让小红回家拿来木杈，我把木杈捆在竹竿上，用手举起只在枇杷的枝上一拧，只听到"扑通"一声，一串枇杷就落下来了。我把枇杷分给几个小妹妹，她们边吃边笑，我心里真有说不出的高兴！

182．捉鸟

明明哼着歌，走在田野上。忽然传来一阵"咕咕"的叫声。明明顺着声音望去，只见一只小杜鹃正在地毯似的草地上跳着。明明高兴极了，他屏住气，猫着腰，蹑手蹑脚地向小杜鹃靠近。他把两只手拢成半圆形，一下扑过去！明明捉住了这只小杜鹃。啊！这只小杜鹃真好看，虽然羽毛还没长成，但珍珠般的眼睛却透着机灵。明明爱抚着小杜鹃柔软的羽毛。

183．种瓜

三爷真不愧为种瓜能手。你看他不紧不慢地在瓜地里穿梭，挑着好瓜。瞧，他用手轻轻托起一个黄绿相间的大西瓜，用手拍了拍，又用指肚摸了摸，然后用食指和中指有节奏的敲着。瓜便发出"嘭嘭"的声音。他满意的点点头，用手一掐瓜柄，瓜便离蔓到手了。他把瓜放到了筐里。他脸上带着笑容，微微张开的口里露出不齐全的牙齿。接着，又挑起别的瓜来。

184．拉小提琴

每逢星期日上午，从我家的窗户里，总要传出阵阵优美的小提琴乐曲声。这旋律，时而铿锵高昂；时而优美抒情；时而像百鸟在合唱；时而像松涛在怒吼。云不飘了，小鸟不飞了，白猫不玩了，伙伴们不做游戏了，都在静静地听我拉琴。我一边拉，一边遐想着祖国更美好的未来……当我长大时，每逢从银燕驾驶舱归来，拉一段小提琴，真是莫大的乐趣啊！

185. 槐花树

　　不错，槐花很香。花开得最旺时，也正是花最香的时候。每到这个时候，我们村的小伙伴差不多都去摘槐树花吃。男孩子像猴一样爬上树吃个痛快，而我们女孩子不会爬树，就只得摘一些矮小的槐树上的花。只听一声叫："我找到小槐树了!"大家先围上去用鼻子闻闻树上的花，再用手摸摸，最后才小心翼翼地摘下两三朵放在嘴里嚼着。一股清香的甜意涌遍全身。有的女孩子还摘下一串戴在头上，槐花的清香熏香了她们的发辫。

186. 梳头

　　我把爷爷的头梳理了一遍，学着妈妈梳头的样子，用木梳在爷爷头上划来划去，挑出了一条弯弯的头路就给爷爷扎起辫子来。爷爷的头发已经花白了，我扎着头发觉得爷爷真可爱。我小心翼翼的扎呀扎，不知怎的拉痛了爷爷的头发，爷爷叫了起来，我哄着："好爷爷忍一忍，就梳好了。"爷爷真的忍着由我摆布。爷爷的朝天辫终于扎好了，鲜红的头绳绕得紧紧的，发辫从头顶弯弯的翘着，真像戏台上的丑角儿，有趣极了。

187. 钜莲蓬

　　我来到一个大莲蓬前，停下来，抓住莲蓬就拔，谁知莲柄上长满了小刺儿，一用力，手生疼生疼，手心上立刻出现了密密麻麻的小红印。我使出吃奶的劲儿也拔不出来。我急中生智，抓起蚌壳将锋利的边缘对准叶柄"咯吱咯吱"磨了起来。不一会儿，那莲蓬被我们钜了下来。我捧着这胜利的果实，心里乐开了花。

188．漱口

小英吃过早饭以后，拿着一个水杯，来到院子里的水池前。她拧开自来水龙头，接了一杯清水。然后，她含一口水，紧紧闭住嘴唇，扬起头，咕噜咕噜地漱着口。

189．织毛衣

这学期开学不久，妈妈对我说："金石，你已经读二年级了，又长高了，我再给你织一件毛衣。"我一听高兴得蹦了起来，说："妈妈，您真好。"我妈妈每天下班回来，做完其他的家务活后，就开始给我织毛衣。我看见她右手拿着针，不停地向前锥、向左拨，把左手的针上的线全挑到右手的针上，动作快得无法形容。不一会儿，左手的针空了，妈妈又把空针换到右手上继续织，只见线团慢慢在变小，一个用完了又换一个。

190．剪发

我坐了这么久，理发师怎么还不动手开始剪发呢？只见她一会儿拿剪刀，一会儿放瓶子和发梳，一会儿又从不同的角度看我的发型，忙得很哪！他根本不像一位理发师，倒像一位的大艺术家正准备雕刻什么杰作。唉！闷得要命，我的视线已不再注意那位忙得起劲的理发师，而是移向那窗外的景物。

191. 做鞋

过了几天，我发现婆婆天天都在一针一线地缝着一双棉鞋。她戴着老花镜，右手捏着针，左手牵麻绳，遇劲地纳着厚厚的鞋底。虽然家里的门窗关得严严的，我还是觉得冷极了。手放在兜里，不愿拿出来。婆婆却仍然一针一针地仔细缝着，她缝几针搓搓手，把手放在嘴边哈口气，暖和暖和又缝。

192. 洗澡

泡了一会儿，妈妈就开始给我搓。她先给我轻轻地搓脖子、胳膊，然后搓后背、前胸、腿……妈妈搓得很认真，一点儿泥也不放过。开始盆里水是清清的，一会儿渐渐地变浑了，最后连盆底也看不清了。全身上下都洗完了，妈妈又用半盆干净的水给我冲了一遍。

193. 车站

"哄"地一声，3个车门一瞬间被围了个水泄不通。人们吵吵嚷嚷，推推搡搡，乱成一片。我也被糊里糊涂地挤在当中，只觉得呼吸困难，身不由己，有个小伙子先行一步，身子已挤进去一半。

194. 妈妈的背

妈妈说："来，我背你。"不由分说就背起了我。我趴在她的背上觉得又温暖，又舒服。妈妈弯着腰，一步一步向前走去，不一会儿就开始喘粗气，头上热气腾腾的。

195. 雪地里

文丽把脚使劲往雪地上一蹬，她那一头就翘在空中，我借助惯力，曲着双腿，往下一压，我这一头就伏下来。

196. 门口的人

我下班回来经过三楼时，看到一个黑影闪过，楼道里没有灯，看不清楚。只见那黑影闪到王爷爷家门口，把一件东西放在门前，嗬！原来是个小孩！我真想一把抓住那个人，可他身子一闪，从我背后溜了。

197：我背上的孩子

她一看到洗衣台，两三下就爬了上去，得意地对我说："你来背我吧！"我刚走到她身边，她一下扑在我怀里，我被扑得退了几步，差一点摔在地上，可她还吊在我的脖子上笑。

198. 车厢里的人

红灯拦路，车嘎地一个急停，车上的人们一齐倾向前方。一个四十多岁的中年妇女，拎着一个沉甸甸的大旅行包，臂弯里还有一个二三岁的小男孩，由于抽不出手来扶住，踉踉跄跄地跌向一个售票员身边。

199. 摔倒的人

她的身子摇得很厉害，几乎无法站稳。忽然，她重重地栽了下去，倒在花草丛里，手被草刺划破了一条口子，鲜血流了下来。

200. 跳高

小辰穿着一双钉子鞋，在离沙坑十几步远的地方停了下来。他注视着前面高高的横竿深深地吸了一口气，然后迈出坚定有力的步子。

201. 滑冰

看见冰场上的人，穿梭一般地滑来滑去，我的心激荡着，也急忙换上冰鞋，上场去了。开始的几步，多少有些荒疏了的感觉，转了几下之后，恢复常态了。我又向前滑行，左右转弯，猛然停止，倒退滑行……一个年龄和我差不多的小孩，像我当初头次进冰场一样，他趔趔趄趄，一个跟头；摇摇摆摆，一个屁股蹲儿。

202. 爬树

满喜哥甩掉凉鞋，手脚麻利地攀上一棵大杏树，他那动作活像个猴子，几下就爬上去了，坐在树杈上向我们招手。可那小胖子，不知是太胖还是咋的，就是爬不上去，几个人好不容易把他推上去，刚爬到半腰，他手一松，"叭"，像个肉球，着着实实地摔在地上。

91

203. 转呼啦圈

每天一有空闲，爸爸便让我教他转呼啦圈。我拿着圈给他反复做示范，身子前后摆动，一边扭，一边说："喏，就像跳舞一样，腰要扭活，臀部摇摆均匀，尽量使身体转动的频率跟圈转动的频率一致，圈就不会掉下来。"

爸爸学我的样子扭了起来，样子难看不说，还不得法。我越看越不对头，一着急便决定用笨办法教。我用手抱住他的腰，像推磨一样摇。摇着摇着，我也不由得扭了起来，一胖一瘦，一高一矮的合作，累得我们就像从水里捞出来似的，浑身上下湿淋淋、汗渍渍的。

你别说，这办法真有效，爸爸居然也能晃晃悠悠地转圈了。我在一边"训导"："快找感觉，找到感觉就学会了。"只见爸爸一面转达着，一面半眯眼睛，嘴一咧一咧，一副悠闲自得的样子，像真的在寻找感觉……

204. 喝醉的爸爸

门开了，爸爸趔趄着跨进来，扬着手中的瓶子说："我——打了——一年煤油。"妈妈接过瓶子一看，瓶里只有一少半煤油了。爸爸头重脚轻，东摇西晃，酒气扑人。我和妈妈扶他，他推开我们，一步三晃，去给牲口添草。爸爸到了牲口圈，抱着驴脖子，哼哼呀呀地不知唱些什么。

205. 漂浮的气球

小小还不会说话，我们给他买了一串气球挂在屋里，气球不停地飘动，他就冲着气球"啊、啊"地叫，还不时蹬动着两条粗粗的小腿。过了一会儿，只听"啪"的一声，气球爆了。小小吓了一跳，身子往后一仰，一个跟头栽了个四脚朝天，还一个劲儿地乱叫，样子十分紧张，可见把他吓得够呛。毛毛姨赶快把他抱起来，他吓得把屎拉在了毛毛姨的裤子上。

206. 舞台上的舞步

随着乐曲的明快节奏，红丝绒幕布升起来了。五光十色的灯光在舞台上左旋右转，忽明忽暗。一位年过半百的老奶奶轻松自如地出现在舞台上。她身着印度绸褂，满面春风，只见老奶奶伸出左手向上举起又落下，又伸出右手做同样的动作，双脚不停地踏地。一会儿做个"对佛掌"的姿势，一会儿又做个"乌龟伸脖"的姿势，真够劲！她一个"请"的动作，竟请出来了4位老奶奶。她们一会儿变成一行，一会儿变成两行，优美的"八步舞"跳得好极了。

207. 滑旱冰

爸爸帮助我穿上旱冰鞋，扶我站了起来。我勉强站稳，刚要向前迈步，后边那条腿就像有人拽了一下似的，猛地一滑，来了个"大劈叉"。我赶紧双手扶地，才没摔倒，吓得我心里咚咚直跳。爸爸把我拉起来。这回我可紧张了，小心地向前移动，生怕再往后滑去，谁知双腿又一下子向前滑去，重重地摔了个"屁股蹲"。唉！学滑旱冰真不容易啊！

208. 陶醉的琴声

她的琴声是那么悠扬，动听，琴一响，周围的一切都沉浸在乐声中了。我被这美妙、悦耳的音乐陶醉了。那乐曲，一会儿雄壮、有力，使我的心激荡跳跃；一会儿抒情、温柔，令人神往，我完全"醉"了。

209. 海浪的声音

我光着脚丫，踩着海水，注视着波光粼粼的海面，听着哗哗的响声，那声音好像高超演奏家的激越的钢琴曲，又像歌唱家的雄浑的进行曲，那声音使胸膛激荡，热血奔涌，啊，我多么愿意聆听大海老人的谆谆教诲啊！

210. 英语的发音

"A、B、C……"老师用流利的英语念着，声音那么纯正，那么悦耳，大家洗耳恭听。老师接着又讲了一个故事……我仔细地听着老师念的每一个单词、每句英语，觉得那么顺耳，那么亲切、动听。

211. 走在路上

小雨走在小路上，蹦着、跳着。忽然，从路旁草丛传来蝈蝈的鸣叫声，清脆、响亮。小雨觉得好玩，便停了下来，侧耳细听，那"蝈蝈"的声音好像一会儿在左，一会儿在右，一时难辨清楚，小雨急得抓耳挠腮。

212. 录音机里的歌声

录音机里传出杨钰莹柔美、甜润的歌声，娇娇坐在沙发上细心地听着，她一动不动，边听边想，听得心驰神往，简直入了迷。

213. 吃海螺

我拿起一个尖尾螺，但，怎么吃呢？嚼，笑话，我又不是青鱼。吸，行吗？我于是像唐老鸭似地伸长脖子，吸得嘴唇发疼，可螺肉就是不出来。妈妈在一边笑开了。她拿起一个螺，用钳子把螺尾夹断，递给了我。我接过螺又吸，"噗"的声，螺肉飞进我嘴里，虽然有点苦，但嚼后有点儿香甜味留在嘴里。

214. 火锅

馋嘴的我一进火锅店就坐在桌旁拿起筷子把毛肚、鸭肠放进火锅汤里，烫了一两分钟后，就吃，真是又香又脆。我又把鱼鳅、黄鳝片儿放进锅中，随后捞出来放进嘴里，呵，真鲜嫩，我还烫了黄豆芽、白菜，它们的味道又麻又辣……无论什么菜，只要汤里烫一烫，味道就妙极了。我虽然被麻得舌头打颤，辣得满头大汗，烫得嘴唇火烧火燎的，可我越吃越想吃，越吃越爱吃，真是不麻不辣不过瘾呢！我想：用火锅招待客人很方便，特别在寒冷潮湿的冬天，亲朋好友围着火锅边吃边谈一定使人感到春天仿佛已来临。

215. 吃饼

张玉珍垂头丧气地在屋地上转了两转，看见柜上放着几个剩下的苞米面饼子，背着脸叭唧叭唧地吃着。

216. 吃东西

马菲不声不响地把所有的肉饼吃了个净光。把留给科利亚的那份吃了不算，还把他爸爸妈妈的那份也干掉了。但是科利亚并未察觉马菲已把肉饼一扫而光，因为他深深沉浸在回忆中，就是马菲把一电冰箱的东西全吃光，他也未必发现。

217. 吃东西的样子

他们吃的样子也非常可笑，有的像兔子，有的像猫或老鼠。有嚼着吃的，有用舌头舔着吃的，还有用嘴吸着吃的。

218. 笑的动作

奶奶的动作把全家都逗乐了。我笑得手舞足蹈，前仰后合，差点把碗扔到地上。爸爸捧腹仰头，"哈哈"大笑起来。妈妈的嘴都合不拢了，随即又扭过脸去。奶奶呢？也忍不住跟着"呵呵"地笑起来，笑开了满脸的菊花纹儿。

219. 光荣与梦想

一年一度的篮球比赛拉开了帷幕，为了报上一届第一轮被淘汰的一箭之仇，所有队员都鼓足了劲儿，努力训练，就是希望让别的班俯首称臣，完成我们最后一学期的梦想。

在六（6）班与本班啦啦队的欢呼声中双方队员上场了，一眼瞧去，对方球员人高马大，看来赢球不能靠身体，而是要靠本身的基本功与技术了。

只听"嘟"的一声哨响，球已被扔向空中，早已准备好了的我方队员吴枫纵身一跃，伸出巨掌，奋力一击，球不偏不倚正好落到在刘家辉的手里。他四周巡视了一番，便快速运球，跑过中场线，我的站位方向正好有一个空挡，刘家辉瞅准时机传到我的手中，本人接球，马上启动，到了篮下。对方球员见事不妙，飞快赶来补防。我的球已出手，可对方球员刹不住车，还是与我撞了个满怀，我爬在地方，目不转睛地盯着球，只见篮球故意想和我作对似的，在篮筐上弹了几下，才慢慢掉了进去。我跃起身来，大声叫着，挥舞着拳头。本班啦啦队也十分兴奋，他们大声为我们加油，挥动着自己做的彩旗。这是，对方发球，但他们没有戒备我班突袭之招，球还没拿稳，就被我一把抓走，传给了刘家辉，刘不管三七二十一，接球就投，球从空中划过一道美丽的弧线，进了！全场又一次沸腾了……

第二节由女生来打，大家手感很热，连中几次，完成了任务。

第三节，刘家辉有如神助，投一个进一个，使本班扩大了领先优势。

最后一节，为了保存战果，我们采用了拖延战术，但不想防守有误，被对方连进几球，在最后的十几秒里把差距缩小到一球，"老奸巨滑"的刘老师赶紧叫了暂停，换上了个子很高有防守优势的"泰

山"——严明明。严明明得球之后，为了不让对方抢到球，他干脆将球抱在怀里，结果，时间太长，又送给6班一个界外球。全场都寂静了下来，等待最后的结果。球传出去了，得到球的对方球员马上投篮，"咚——"，球打在篮板上弹了回去。"嘟——"全场结束的哨声响起。

220. 同学们的球赛

今天星期天，我们休息。于是，我约了周彬彬、沈佳炜等同学去学校操场打篮球。大家集中在一起以后，我就把人分成了两队。然后，我们就打起了篮球来了。

比赛开始，沈佳炜发球。他拿起篮球扔给了王帅。王帅带着篮球跑到了篮球架下面。他正要往上投篮的时候，我向上一扑，把他给罩住了，给我来了一个盖火锅！我很快就把篮球从他的手里夺了过来。我返身向后用力一扔，扔给了自己一方的同学。他接过了篮球就迅速往对方的球篮跑去。我迅速跟着他往前冲。他很快看到有人在前面拦截。于是，他找了一个好机会，把篮球扔给了我。我跳起来接住篮球。看到，位置已经与篮球架不远了。于是，我来了一个三大步。纵身一跃，随着身子向上跳动，把手轻轻一翻。篮球从我的手上飞了出去，进入了篮筐里面。"好，黄戌奇打了一个漂亮的三分球！"我高兴得跳呀蹦啊。

沈佳炜他们不多说话，趁我高兴的时候，迅速向我方发起了进攻。很快，沈佳炜也一个三分球，投进了篮中。双方打成了平局。后来，对方又打了一个漂亮的三分球，而我们只打了一个二分球。现在我们落后一分，时间也不多了，只剩下一分钟。周彬彬也想来一个三分球，可惜球被弹了出来。我立刻跳起来抢球。沈佳炜毫不示弱，也跟着跳起来，把我罩住了。球被我拿到了，可是，不幸的是却被沈佳炜抢走了。时间又过去了，只剩下三十秒钟了，眼看他要投篮，又要给他们得分了。周彬彬看准机会从沈佳炜手里把球抢到了手。他又迅速投篮。可是，他的力气不足，投得太低了，连篮框板都没有碰到。我马上飞身跳起来把球抢到了手。时间还剩五秒，我立刻跳起来来了一个大扣篮。篮球进框，时间也正好到了。啊，我们终于险胜他们赢得了冠军。沈佳炜他们气得火冒三丈，可是都不管用了！

221. 篮球场的早晨

　　早晨，七点一过，学校篮球队的队员就急急忙忙跑到体育室拿球，然后，他们拍着篮球向篮球场走去。

　　来到篮球场上，教练叫几个队员围着篮球场运球五圈。这几个队员拍着篮球绕着球场跑了起来。一个队员中途把球拍丢了。他立刻跑出去拾起篮球回到丢球的地方重新拍起。跑了三四圈，有的就已经累得气喘吁吁，然而有的跑完五圈却显得一点儿不累，精神正足。

　　右边的队员按照教练的要求各自找了一个伙伴练起了攻防战术。他们一个带球攻击，另一个防守。那个攻击的队员想尽办法越过防守的队员，而防守的队员眼睛直盯着进攻的队员，展开双臂，不让对方冲过自己的防线去投篮。可是，进攻的队员不甘示弱，突然，他往左边一退，趁对方一愣，立刻带球猛地向前一个冲锋，三大步投篮，进球！"哦，进了！"进攻的队员高声喊了起来。于是，他们便交换了位置又继续练习起来。

　　左边的篮球场上，队员们在教练的指挥下打起了全场篮球比赛。他们五个人一组。比赛开始了，由蓝队先发球。两个后卫相互传递着往前冲，他们配合得非常默契。可是，红队防守也非常好。他们的进攻很快便遇到了拦截，后卫看到自己攻不进去，只得在自己一方徘徊，伺机进攻。这时，运球的队员看到一个机会，立刻把球抛向高空，往前面自己一方的前锋传去。红队的前锋反应更快，一个大步往前冲，

接着，一个纵身往上跳，把篮球给拦了下来。他接住了球，立刻向蓝队发起进攻。由于，蓝队三个人在对方阵地，来不及往回撤，一个后卫没有拦住，红队的前锋动作又非常敏捷，他运球来到篮架前，避开蓝队守篮队员，一个三大步，身体轻松往上一跳，一手在下托住篮球，一手在前轻轻护住篮球，手腕一翻，球立刻脱手射向球框。好一个漂亮的空心三分球！蓝队的队员，更加鼓足了劲决定赢回分数。他们打得更加猛烈了，一会儿往东跑，一会儿向西传，打得异常激烈，真是难分高下呀！

篮球场的早晨是多么充实啊！

222. 战场上的人

天空中只属于火和硝烟，战壕外只属于恐惧与死亡。他紧紧握枪杆，就如握住了救命稻草。轰轰的炮声还在继续，许多人从他身旁一跃而出，随着一阵激烈的枪声和惨叫，将鲜血泼洒在了战场上。

他擦了擦额头因为害怕流下的冷汗，双手不停地颤抖。他想点支烟稳稳神，但是拿着打火机的手怎么也碰不到烟头，极度的恐惧攥住了他，仿佛要榨走他身体里全部的活力。正当他颓丧地贴着墙坐倒在地上时，又一波冲锋开始。硝烟伴随着鲜血的味道，刺激着他的鼻腔。他再也忍不住了，腾地站了起来，一边压上子弹，"咔嚓"拉上枪栓，一边咒骂着自己的懦弱。

他笨拙地爬出战壕，晃晃悠悠地站了起来，举起了枪，踉跄几步。"砰砰！"就在十几米远处，出现了敌军！周围战友们纷纷举枪射击，他发呆了良久，突然像想起什么似的，疯狂地对着敌军开始射击。然而没多久，一梭子子弹射来，洞穿了他的额头。他倒在了浸满鲜血的土地上，手指像是要抓住流失的生命似的奋力攥成拳头……手臂渐渐垂下，手指也渐渐松弛了。他，与他的战友们，战死沙场。终于，可以长眠，安息了。

223. 生日的电话

那天是我的生日，我一回到家就飞速写完了作业。6 点了，按照惯例，爸妈早就应该回来了，更何况今天是我的生日！可能是去超市给我买东西了吧？想到这儿，我便打开电视看了起来。6 点 25 分了，我站了起来，不停地踱步，焦急地等着……难道他们出事了！我心里一惊，又想：一定是想给我一个惊喜……"铃——铃——铃——"电话铃声刚响我就冲过去拿起了话筒，"喂！吴翔，补充题第二题怎么做？"我一听又泄气了，张雨这家伙就会扫我的兴。"我不知道，少打电话。""砰"地一声，我挂上了电话。

224. 急躁的我

我只得坐在位置上发呆，这感觉是多么难熬啊！更何况旁边那位仁兄还在一个劲儿地抽烟，烟味把我熏得够呛。鼻子难受得要命，我只好转过身去。再看看周围，大家有说有笑，没有一丝烦躁。他们怎么那么有耐心啊？我生气地想。时间似乎故意和我作对——走得慢极了，烦躁、焦急一起涌上心来，我不停地看表，盯着那慢慢移动的秒针。41、42、43……我慢慢地数着，心里冒出一股无名火——你咋跑得这么慢呢！

225. 戴眼镜

他 50 多岁了。戴着一副高度近视眼镜。他战战兢兢地取下眼镜，用衣服的下摆随手擦了擦镜片。"嗯嗯……"他刚要讲话，忽然想起了什么，手忙脚乱地在盘子里找了找，又匆匆往口袋里掏了掏，掏出了一盒火柴，这才放心地又"嗯嗯"两声，站直身子，用特别响亮的声音说："现在开始看老师做实验!"

226. 猴王

只见那猴王脱了冠着服，爬上大树，拣那熟透的大桃，摘了许多，就在树枝上自在享用。

那呆子纵身跳起，口里絮絮叨叨的，挑着担子，只得死心塌地八卦炉中逃大圣五行山下定心猿真个光阴迅速，不觉七七四十九日，老君的火候俱全。

忽一日，开炉取丹。那大圣双手揌着眼，正自揉搓流涕，只听得炉头声响，猛睁睛看见光明，他就忍不住将身一纵，跳出丹炉，嗯喇一声，蹬倒八卦炉，往外就走。慌得那架火看炉与丁甲一班人来扯，被他一个个都放倒，好似癫痫的白额虎，疯狂的独角龙。老君赶上抓一把，被他一捽，捽了个倒栽葱，脱身走了。即去耳中掣出如意棒，迎风幌一幌，碗来粗细，依然拿在手中，不分好歹，却又大乱天宫，打得那九曜星闭门闭户，四天王无影无形。好猴精! 有诗为证。诗曰：古混元体正合先天，万劫千番只自然。

渺渺无为浑太乙，如如不动号初玄。炉中久炼非铅汞，物外长生是本仙。变化无穷还变化，三皈五戒总休言。又诗：知一点灵光彻太虚，那条拄杖亦如之。或长或短随人用，横竖横排任卷舒。又诗：斋猿猴道体配人心，心即猿猴意思深。大圣齐天非假论，官封弼马是知音。马猿合作心和意，紧缚牢拴莫外寻。万相归真从一理，如来同契住双林。孙悟空只好又来到翠云山，这次他变成了铁扇公主的丈夫牛魔王的样子。

铁扇公主不辨真假，把他接了进去。说到孙悟空借扇一事，假牛

魔王故意捶胸道："可惜！可惜！怎么就把那宝贝给了猢狲？"铁扇公主笑道："大王息怒，给他的是假扇。"假牛魔王到："真扇子你藏在哪儿了？仔细看管好，那猢狲变化多端，小心他再骗了去。"铁扇公主说："大王放心。"说着将真扇从口中吐出，只有一片杏叶儿大小。

悟空大喜过望，连忙抓在手中，问道："这般小小之物，为何能扇灭八百里火焰？"铁扇公主道："大王，你离家两年，怎么连自家的宝贝也忘了？只要念一声口诀，这扇就能长到一丈二尺长短。"孙悟空记在心上，将扇儿噙在口中，把脸一抹，现了本像，径自出了芭蕉洞。铁扇公主气得一下子跌倒在地，跟着前来。

227．刺绣

刺绣师正沉浸在艺术的海洋中。在她灵巧的双手下，五颜六色的丝线、白色的确良布，加上些简单的图案，在手中花针的钩织下，慢慢的就变成了鲜艳的花朵、栩栩如生的飞鸟鱼虫。一张精巧的刺绣作品很快就呈现在笔者的眼前。

在她的家里，到处都是创作完成和正在创作的作品，墙上挂着的刺绣图和剪纸图，人物形态各异，栩栩如生，线条优美、流畅，纹络清晰、细腻。笔者看到墙角有一叠厚厚的镜框，里面镶着一幅幅惟妙惟肖的剪纸作品和刺绣作品。

228．少年

深蓝的天空中挂着一轮金黄的圆月，下面是海边的沙地，都种着一望无际的碧绿的西瓜，其间有一个十一二岁的少年，项带银圈，手捏一柄钢叉，向一匹猹尽力的刺去，那猹却将身一扭，反从他的胯下逃走了。

我们沙地上，下了雪，我扫出一块空地来，用短棒支起一个大竹匾，撒下秕谷，看鸟雀来吃时，我远远地将缚在棒上的绳子只一拉，那鸟雀就罩在竹匾下了。

229. 颤微的老人

明媚的阳光下，他微笑着，偻着背，闭着一只美丽的眼睛，穿着他打了大补丁的华服，颤微微的伸出有着复古光泽的老手，递给我一把比他还要沧桑的小提琴，上面的松香还散发出香味。老人邀请我演奏一曲，可惜我没有那个天分能在接过这把小提琴的下一刻懂得怎么享受它，我谢谢了他。我们邀请他为我们演奏一曲，他害羞的一笑说他只是业余喜欢，然后就摆好了姿势，我们听着，他在调音，音乐开始了，那是一曲不知被演奏了多少遍的幸福又动人的乐曲，颤微微的小提琴唱着往日的美丽，颤微微的偻背诉说着今天的夕阳。我们听，不知是为老人的过去感动，还是为老人的今天伤感。这么多年之后，为什么今天一个人在这里享受最美丽的夕阳。为什么老人一直在微笑，他是满意自己幸福的早年生活还是现在的敬老院。他的家人，亲戚，朋友，孩子们呢？他的未来呢？我们不懂事的流泪了，老人的笑容却还是那么幸福。

230. 荔枝

母亲一见荔枝，脸立刻沉了下来："你财主了怎么着，这么贵的东西，你……"我打断母亲的话："这么贵的东西，不兴咱们尝尝鲜！"母亲扑哧一声笑了，筋脉突兀的手不停地抚摸着荔枝，然后用小拇指甲盖划破荔枝皮，小心翼翼地剥开皮又不让皮掉下，手心托着荔枝，像是托着一只刚刚啄破蛋壳的小鸡，那样爱怜的望着舍不得吞下，嘴里不住地对我说："你说它是怎么长的？怎么红皮里就长着这么白的肉？"毕竟是第一次吃，毕竟是好吃！母亲竟像孩子一样高兴。

231. 稻场的谷

大雨就要来了，父亲马上把稻场上的谷扫在一起。他怕谷被打湿了，就一边在谷堆上支一个雨布棚子，一边把我撒落在旁边的谷用脚往堆上促。他说为了保险，还想在雨布盖上去后系几根绳子把谷堆压住。我看他那么忙，就一会儿帮他牵雨布，一会儿帮他看谷堆（怕打湿了啊），一会儿帮他拉绳子，很快谷堆被罩好了。

232. 游水的我

终于下水了，可不像岸上，两腿发软，身体好像飘来飘去。我急忙紧紧地抱住爸爸的脖子，两腿夹住爸爸的腰部，口里直喊着"我要回家"。爸爸说："别害怕，一步一步地学，总是能学会的。"过了一会儿，我才壮着胆，两脚稍微向后伸了一下，觉得没事，接着两脚再用力一前一后地伸了几下，好像后半身浮了起来。反反复复，终于学会了用脚游水。这时，我脸上露出了笑容。

233. 球场上的明星

罗纳尔多在中场挺身收腹，接住同伴传来的一记高球，习惯地用小腿轻轻地一颠，球魔术般地跳过对方防守队员的头顶。他飞速插上，以灵活逼真的假动作，带球一连绕过对方3名后卫的阻击，一直冲入禁区，巧妙避开已扑到跟前的守门员，侧身起脚，"唰"的一声，球应声入网。

罗纳尔多熟练地将球颠在自己的腿上，然后让球迅速地移到脚下左右交替着。眼看正前方有个对手，他便轻轻一踢，自己迅速的绕过对手，继续一边踢球一边向前冲，整个过程完美无瑕！终于，到了目的地，全场的喧闹声没了。只见罗纳尔多将右脚轻轻抬起，以迅雷不及掩耳之势将脚下的球射向球门。伴随着一道漂亮的弧线，球射门成功，全场一片沸腾！

234．上药

"先生，"他那灰白的抽动着的嘴唇里发出低微的声音，"没留心，踩在碎玻璃上，玻璃片插进脚底了。痛得厉害，回不了家啦！"爸爸跑到伯父家里，不一会儿，就跟伯父拿了药和纱布出来。他们把那个拉车的扶上车子，一个蹲着，一个半跪着，爸爸拿镊子给那个拉车的夹出碎玻璃片，伯父拿硼酸水给他洗干净。他们又给他敷上药，扎好绷带。

拉车的感激地说："我家离这儿不远，这就可以支持着回家了。两位好心的先生，我真不知道怎么谢你们！"伯父又掏出一些钱来给他，叫他在家里休养几天，把剩下的药和绷带也给了他……伯父和爸爸回来的时候，我就问他们。伯父的回答我现在记不清了，只记得他的话深奥，不容易懂。我抬起头来，要求他给我详细地解说。

这时候，我清清楚楚地看见，而且现在也清清楚楚地记得，他的脸上不再有那种慈祥的愉快的表情了，变得那么严肃。他没有回答我，只把他枯瘦的手按在我的头上，半天没有动，最后深深地叹了一口气。

235．嘴里的铅笔

他吮着笔，拽到老师跟前，拔出嘴中的笔，微笑着点点头，向老师请教。他一边听着老师的讲解，一边又不自觉地把笔放进了嘴里，听得入迷时，笔就像用吸尘器一样在嘴里搅的频率更高，似乎要把灵感和思维从那个角落搜索出来。听完老师的讲解，他仰仰头，又点点头，似乎有所领悟，但那支可怜的笔还在他嘴里塞着，像是怕老师刚教的知识从嘴里跑掉似的。

236. 咬瓜子

女人们、小姐们的咬瓜子，态度尤加来得美妙：她们用兰花似的手指摘住瓜子的圆端，把瓜子垂直地塞在门牙中间，而用门牙去咬它的尖端。"的，的"两响，两瓣壳的尖头便向左右绽裂。然后那手敏捷地转个方向，同时头也帮着了微微地一侧，使瓜子水平地放在门牙口，用上下两门牙把两瓣壳分别拨开，咬住了瓜子肉的尖端再抽它出来吃。这吃法不但"的，的"的声音清脆可听，那手和头的转侧的姿势窈窕得很，有些儿妩媚动人，而且连丢去的瓜子壳也模样姣好，有如朵朵兰花。

237. 抚平的试卷

"唉，又考砸了！"她接过那张"鲜血淋漓"的试卷，眉头紧锁，深深地长叹一声，便把沮丧的脸塞进书堆，伤心地趴在书桌上，默默地对视着那不争气的分数。一会儿，她直起身子，把试卷摊开，看了几眼，又快速地把试卷合上，狠狠地扔进抽屉里。只见她又一次把头藏进书堆，肩膀微微颤动，却听不见她的哭声，这就是她的性格——要强。过一会儿，她又一次抬起头，拭干泪，弯腰找出试卷，小心地把试卷抚平，认真地思考订正起来。

238．抽烟

于是他噗嗤一笑，磕了磕吸尽了的烟灰……慢吞吞、笑嘻嘻地吐了一口痰，把嘴一抹说道："……你怎么知道我是共军呢？嗯？！你说说我这个共军的来历吧！"说着他朝旁边椅子上一坐，掏出他的小烟袋，又抽起烟来。

239．一把手枪

他蓦地一声狞笑，跳起来抢到书桌边，一手拉开了抽屉，抓住一枝手枪来，就把枪口对准了自己的胸口……窗外是狂风怒吼，斜脚雨打那窗上的玻璃，达达达地。可是那手枪没有放射。吴荪甫长叹一声，身体落在那转轮椅子里，手枪掉在地上。

240．骑马

他浑身披挂，骑上驽骍难得，戴上拼凑的头盔，挎上盾牌，拿起长枪，从院子的后门出去，到了郊外……他一面说，一面踢动驽骍难得，托定长枪，一道电光似的直冲下山坡去。

241．敲贝壳

我从厨房里拿了一把专门劈文蛤的小刀，搬了一把小椅子坐下。打开网兜，嘿！有个文蛤正把贝壳张开，我瞪大眼睛，心怦怦跳着，好像要做一件重大的事情似的。猛地，我把小刀插入贝壳中，文蛤壳立刻关上，可是它已经晚了，我一手拿文蛤，一手抓住刀柄，往左边一撬，文蛤壳被打开了。我抓住一甩，想把里面的"肉"给甩出来，可那"肉"紧紧地贴在贝壳上，纹丝不动。我又用手去抠，抠了半天也没有把"肉"抠出来，反把"肉"抠得伤痕累累。我有些急了，拿小刀一敲贝壳，只听"啪"的一声，这下可好，贝壳敲碎了，碎片陷入"肉"中，这个文蛤就这样给"报销"了。

242．折花

红梅枝上正开着花，清香一阵一阵地送到他的鼻端。他伸手折了短短的一小枝，拿在手里用力折成了几段，把小枝上的花摘下来放在手掌心，然后用力一捏，把花瓣捏成了润湿的一小团。他并不知道自己在做什么，可是他满足了，因为他毁坏了什么东西。他想有一天如果这只手变大起来，能够把旧的制度像这样地毁掉，那是多么痛快的事。

243．钓鱼

老头儿放下了钓丝，把它踩在脚底下，然后把鱼叉高高地举起来，举到不能再高的高度，同时使出全身的力气，比他刚才所聚集的更多的力气，把鱼叉扎进正好在那大胸鳍后面的鱼腰里，那个胸鳍高高地挺在空中，高得齐着一个人的胸膛。他觉得鱼叉已经扎进鱼身体里了，于是他靠在叉把上面，把鱼叉扎得更深一点，再用全身的重量推到里面去。

244．复活

书记官站起来，开始宣读起诉书。……结果他的声调就混合成不间断的嗡嗡声，听得人昏昏欲睡。法官们一忽儿把胳膊肘倚在圈椅的这边扶手上，一忽儿倚在那边扶手上，一忽儿闭上眼睛，一忽儿又睁开，彼此交头接耳。有一个宪兵好几次把刚要开口打呵欠的那种痉挛动作压下去。……玛丝洛娃听着书记官朗读，眼睛盯住他，时而呆呆不动地坐着，时而全身一震，仿佛打算反驳似的，涨红了脸，后来却沉重地叹了口气，把手换一个放处，往四下里看一眼，随后又凝神瞧着宣读的人。

245. 跳进教堂的人

忽然，当刽子手的助手正要执行夏赫莫吕的漠然的命令的时候，他，加西莫多跨过花楼的栏杆，用双脚、两膝和两手抓住绳子，接着人家看着他滑到了教堂正面，好像沿着玻璃窗滑去的一滴雨水，用一只从屋顶跳下来的猫儿的迅速姿势，跑向那两个行刑助手，用他巨大的拳头把他们打倒，一手抱起吉卜赛女郎，就像一个孩子抱起他的洋囡囡似的，一闪便跳进了教堂……

246. 道别

到了大门口，她正要与她的爷爷道别，可那老人却牵着她的小手，往学校里"闯"。那小妹妹赶紧把他朝反方向推。老爷爷笑着问："你怎么不让我送你进去？""因为老师说家长不能进学校。"小女孩一本正经地回答。"那怎么没有看门的？没有看门的就说明让家长进。"老人指着学校大门口问。于是两人便在校门口推推拉拉，你一句，我一句。那老人见很多人看他，有点不好意思，只好交代小孙女几句，便走了。

247. 排队

他催我们排队时，会摘下口哨，拿在手上，然后开始转，当绳子都被缠在手指上时，他又会开始往另一个方向转，一直反复。做广播操了，音乐倒带时，他总会习惯性地把手搭在录音机上，外侧的一只脚会靠到左侧的一只脚上去。

248. 走进教室的老师

上课铃响了，同学们虽然都进了教室，但是教室里闹哄哄的。突然，不知谁叫了一声："老师来了！"教室里刹那间静得出奇。过了30秒，捣蛋鬼李明怀大笑起来，教室里又成了自由市场，"讨价还价"的人多了去了。其实老师早就来了，只不过藏在门后面罢了。她慢悠悠地走出来，手掐着腰，眼睛瞪得溜圆，好像在说："怎么说话了？没听见上课铃吗？"顿时，大家都闭上了嘴巴。老师慢慢走到讲台上，大声说："上课！"……

249. 坐姿

在他累了的时候，他会坐在讲台前的那把椅子上。慢慢地，他的手从身子的两侧举上来，头向上抬起来。我真担心，如果他把椅子前的两只脚也提起来，摔倒在地怎么办？然后，他张开嘴巴，"啊"的一声后开始摸自己圆滚滚的肚子，最后再把一只脚放到另一只大腿上，这时他还会摸摸被"折叠"起来的膝盖，一副很惬意的样子。你猜他是谁？

250. 招牌动作

他在做作业时，一遇到难题，就会立刻做出他的最经典也最有趣的招牌动作，把左手紧紧握成拳头状，再把头靠了上去，另一只手不停地转笔。此时的他已经变成了"免打扰"状态。

251. 老师的姿态

每当他来我们班上课的时候，总喜欢大摇大摆地进来。走路的时候，外套会摇来摆去，有时他会坐在讲台边发呆。然后他会用手掌擦擦鼻子和嘴巴。我们做完作业本，交上去让他改，他常常摸摸头发，然后再改作业。等到下课铃声响了，他会伸一个懒腰再走。

252. 工作的细胞

不管你怎么去推他、打他，他也不会理睬你，直到这题的正确答案被他思考出来了，才会又变回原本的"可呼叫"状态。我想，对他来说，这个动作能使他的脑细胞开始全部工作，让脑细胞翻查他以前学过的所有知识，然后立刻作出解答吧。

253. 新来的老师

中午吃饭时，有一个新来的老师在管纪律。只见她一身米黄的长裙，脚上穿着一双大红高跟鞋，头戴一个黑色的发夹。我心里真替她担心，在这样寒冷的冬天，她穿得这样单薄，不会感冒吗？突然，我发现她边走边低下头微笑着，然后把头一扭，拿起手把遮挡在眼前的

头发捋过去，然后又把手插回口袋之中。这时，她发现一个同学没有动过菜，吃完白米饭就走了。她抛出一句话："只吃白米饭，不吃菜，真是搞笑了！"

254. 老师讲课的样子

上课时，他在给我们讲解知识，正说到一半，他突然用手去提一下裤子；提完后，还要用手转一转，好像是要弄到合适的位置。讲完了知识，我们做作业，他坐在椅子上，慢慢地张开手，伸一个大懒腰，接着用手一圈又一圈地摸自己的大肚子，一遍又一遍。

255. 美术老师

他是我们的美术教师，不仅画画得好，还有一手好字呢！他那夸张的写字动作，给同学们留下了深刻的印象。

256. 粉笔字

每次上课，他总是早早地来到教室。当清脆的铃声响起时，他便用严厉的眼神扫视教室一遍，好让我们快速安静下来。在上课铃声结束时，他便让我们在三分钟之内预习课文内容，然后提问。有时，同学们无法点到课文重点，教室里一度陷入僵局时，有位同学举手了，准确无误地概括了课文主要内容。此时，他异常兴奋。只见他飞速地拿起粉笔，重重地在黑板上用草书写了几个字。那字龙飞凤舞，气势磅礴。

257. 门外的老师

"叮铃铃"上课了，周老师急匆匆地走到教室门前，有些"淘气包"看见周老师快进教室了，就把门紧关着。周老师两手紧握住门环，试着推了一下，只见门"砰、砰、砰、"的响了几声，还是紧关着，像小蜜蜂的双翅前后颤动。门仿佛在给周老师作对，就是不愿意让周老师进教师。周老师"生气"了，使劲一推，就好像用了九牛二虎之力，"嘶—"像蛇捕猎的声音，门从中间向两边缓缓地散开，仿佛波纹向两边扩散，门打开了，周老师的脚还在门槛外，可头早已伸进教室内，身体倾斜着，头左侧着，对着我们笑，那骄傲、胜利的微笑，让我猜测周老师在想："哼，这门根本不是我的对手!"周老师踏着轻轻的脚步，走进教室，一双葡萄般晶莹的眼睛对着我们笑，笑得那么甜，像吃了蜂蜜一样，脸上露出了两个不太明显的小酒窝，让我感到二月春风般的温暖。

258. 三轮车夫

三轮车夫都集中在十字街口，并不时用油黑的毛巾擦着脸上的汗水。三轮车夫有男的，也有女的，都是些中年人。他们的眼睛时刻注意着四周，一旦有客人招呼或叫喊，便会争先闯后抢骑而去。不知何时，在十字街口出现一个卖冷饮的摊点，已围着不少人。什么绿豆汤、桂圆汤、波箩粒的，有好几样，任凭喜好选择。冷饮放在冰柜内。卖冷饮的是一位中年女人，早已忙得额上泛汗。但她嘴角始终洋溢着一种热情和厚实的笑意。每杯冷饮需三块或五块钱，三轮车夫舍不得买，因为踩一趟车，最多也不会超过三块钱。靠近冷饮摊的三轮车夫是一位中年男人，身材魁梧，但一脸黝黑。他看见买冷饮喝的都是一些穿着讲究的男女。看着他们津津有味地喝冷饮，禁不住咽了咽口水。然后，他下了车，打开车垫，取出一只雪碧瓶。雪碧瓶是绿色的，瓶内的水已不多，竟舍不得一口喝掉，先是细细地尝了两口，接着下决心似的，一仰头一咕噜喝了，左手还不断地摇了摇瓶底朝天的瓶子，张着口，一副淋漓酣畅的样子。

259. 激烈的拔河比赛

一场激烈的拔河比赛即将开始。只见双方队员个个都生龙活虎，摩拳擦掌：白方队员们的队长，双脚叉开，两只手靠在背后，严肃的指导着队员们的拔河姿势和战斗策略，白方队员们听得非常认真，个个下了决心要拿下比赛。黑方队员们都不以为然地觉得：我们是个个身强马壮，对手只有几个身高马大，这场比赛我们队百分之一百胜！双方都守卫着自己的场地，开始了比较紧张的准备活动。只见白方把弱小的队员都放在了队伍的中间，队长打头，副队长断后。他们个个双脚叉开、平放，双手一前一后紧握草绳，身体都往后倒，每个队员之间都留有一些距离。只见黑方队员一个紧挨一个，身体都往前倾斜。准备活动结束，裁判一声令下，双方队员们都使出浑身泄力，用力的拔。顿时，群情沸腾，场内的温度急剧上升。场外的啦啦队也按捺不住了，异口同声地为自己喜欢的队伍加油，"1，2，3加油！"、"1，2，3加油！"，全都挥舞着自己手中的彩带。这时，系在绳中间的红带，慢慢的偏向白方，眼看着白方马上就要赢了，黑方也不甘示弱，全都使出了吃奶的力气。红带不停地在两方之间移动着。到底胜利女神会向齐心协力的白方微笑，还是向身强马壮的黑方微笑呢？局面僵持了一会，这时，白方暴发了，队长猛地喊道："一，二，三，拉！"被队长感染的队员们也齐声喊了出来。终于在第三次发力时，黑方所有队员都群龙无主，功亏一篑。白方队员们都把队长围了起来，把队长向

空中抛去。

260. 迟到的老师

上课铃声响了，我们大部分都回到了座位上拿出了书。这铃已经打完了，可是以往很准时的老师却没来。这时门开了，我们以为是老师，结果却是几个迟到的同学。他们像是被人追杀似的跑回座位，跑的也道不知碰掉了多少本书。这时，老师也来了，她抱着凌乱的卷子冲进了教室，上气不接下气地说："对不起，有点事我来晚了。"她旋风般的发起了卷子，却因为太着急腿撞在了桌子上，她顾不得揉腿，着急地说："快发，一会讲不完课了。"

261. 英语老师

"下课时间到了……"广播中飘起了女孩子轻柔的声音。我腾地冲出座位，向厕所奔去，又快速地跑了回来。很巧的，看到了这一幕——英语老师拽着张鹏的耳朵，优雅地抬起腿，就把穿着高跟鞋的脚端在了张鹏的身上。一脚，两脚，三脚……又点着张鹏的鼻子，叫道："忘了，忘了，你不会记作业条吗？"又突然放开张鹏，大步流星地走向闫子恒，用手指点着他的额头，嘴唇飞快地上下动着："你能不能写作业？"闫子恒一举右手，伸出三个手指头："我以我的人格保证……"这样的毒誓我也忘记了这是第几次跟第几个老师说了。英语老师听了，还不解气，又捏着闫子恒的脸，狠狠地拽着。"上课时间到了……"英语老师一听到柔美的广播声，飞快地到二班上课去了。

262. 怪动作的老师

英语老师带着扩音器穿梭在座位间，正好停靠在刘政业的桌子旁。这个调皮鬼可不会错过这次大好机会。他先左右查看一番，然后高兴地拿着尺子去挡扩音器。突然，老师说话声变小了，他急忙把尺子收回，装作若无其事的样子。不一会儿，他又拿一本书去捂扩音器，脸上洋溢着得意的笑容。突然，英语老师发现了他在淘气，便一拍他的手，使他不得不收工了。

263. 沸腾的教室

上自习课了，老师上楼开会去了，我们班可沸腾了。尤其是那刘仁强，他翘起了二郎腿。嘴叼起了笔，身子躺在了椅子上，眼睛是东张西望，也不知在寻找些什么。突然，走廊里传来了高跟鞋的声音。刘仁强立即坐正了身子，挺直了腰，手平平的放在桌子上，头高高抬起，表情一脸严肃，一个标准漂亮的坐姿！但高跟鞋的声音渐渐远去，只见他松了一口气，又恢复到了原来的样子。

264. 做错事的孩子

"叮铃铃"，清脆悦耳的下课铃声款款而来。只见程凡轻轻推开门，一双水汪汪的大眼睛可怜巴巴的不知所措地望着，那眼睛仿佛是谁做的，随时都会留下晶莹的泪珠，她小心翼翼地迈着每一步，像个做错事的孩子生怕惹怒了谁，慢慢地移到了座位里。"砰"一声门被撞开了，姜亦佳揪着陈浩南的衣襟大吼："怎么地，说我可怕，好，今天我可怕死你！"说着猛的一推，陈浩南往后一退便一下子坐到了地上。此时的陈浩南瑟瑟发抖地望着姜亦佳："大姐，错了不行吗?"姜亦佳扭头便走。

265. 晴天运动

在家里，每当阳光明媚的天气，我都会早早起床，穿好运动鞋，便开始我的晨练。我会一直沿着马路边慢慢地跑，曾有新闻报道过：某一初中的学生在老师带领下，不幸被车子压死了。这件事我也不是很清楚。不过，我会很小心的，安全的，好好的晨练。

266. 雨天运动

下雨天，我也会按时起床，从一楼跳阶梯跳到了楼，然后又单脚跳，这样反复循环。我会出一身汗，但还是蛮开心的。洗一把脸，舒服一下，便捧着我那本著作看起来。

我把头贴向父亲赤裸的甜黑的躯体，我嗅见一股我非常熟悉非常迷恋的水草般的气息和服热的汗昧。我的眼光举向父亲，那时我被呈现在眼前的这个斑斓而瑰丽的景色迷住。

267. 跳绳比赛

轮到我了，我想我一定要比她们跳得次数多。我拿起绳子试了一下，觉得比较合适，就开始跳了起来。我跳啊跳，坚持着跳了下去。跳了不知道有多久，我觉得该有几十分钟了，怎么搞的我的一分钟会怎么这么长？也好，如果我能够坚持下去，那我不就可以多跳几下了吗？不就比她们的成绩要好了吗？我终于支持不住了，然而这时，时间也恰好到了。我这个人一下子瘫倒在地上，坐在那里一动也不动。

旁边的人告诉我："你跳了 267 个，到现在你是第一，跳得最多。"我高兴得从地上跳了起来，人也好象增添了无穷的力量。有人说："别太得意，后面可能有人会跳得比你还要多。"我没有理睬她默默地看着别人在跳。

268. 接力比赛

先是男子组的第一队人员，选手们个个精力十足，我们班的蒋明、汪文海也摩拳擦掌，准备比赛。只听见"预备"，再一阵口哨声，选手们就像兔子一样窜了出来。"蒋明，加游，汪文海，加油！"我们一起为他俩加油。汪文海果然不负重望，跑在了第一个，蔡老师也很高兴。可就要到终点时，一名同学超过了汪文海，接着又有三名同学超过了他，结果，汪文海得了第五名，蒋名最后得了第二名，"唉"，我叹了一口气。接下来要看曹叶和伍佳文的表现了。要比赛了，选手们又像脚底下踩了风火轮似的跑了起来，可曹叶和伍佳文没有一个得第一。随后，是女子组的第一队人员准备比赛了，江文娜和刘冰都是经过训练的选手，相信她们一定能取得好成绩。口哨声一响，选手们又像一匹匹奔驰的骏马一样跑了起来。当跑到第四圈时，刘冰已经精疲力竭，看着她痛苦的表情，心里一定很不舒服。而江文娜也落在了后面，结果又是令人大失所望，宋如铮走过来说：我们班要全军覆没了！不可能，还有两名女选手呢，我相信她们一定会成功的！

269. 紧张的比赛

开始了，场面由低潮转向高潮，同学们的欢呼声，跺脚声融成一片，好不容易挨到了我们班，男同学们马上上阵，站好了，摆好了姿势，成"工"部式，用脚顶着脚，勾住脚；身子住后倾，双手像只铁钳似的，用力抓住大麻绳。等待哨声一响，同学们便使出吃奶的劲，像一只只猛虎似的。我们手上的筋脉突兀。肌肉紧绷，身上的汗毛发直，头发竖起，额头上缩成一圈，手心被绳子勒得发红，有的甚至起泡了，汗珠滚滚。尽管这样，我们还是使劲地拔着，越拔手上就越"狠"，我们咬紧牙关，忍着疼痛，心想：一定要坚持下去，不能放松，要赢，一定要赢。我们的腿不断地往后移，越挪越远，红领巾从中点慢慢地向我们这边移近。眼看我们就要胜利了，六乙班也不甘示弱，个个使出九牛二虎之力，腮帮子鼓起，面红发肿，像一个个钢铁战士。

270. 踢毽子比赛

今天下课，王老师和杨帆在操场上举行踢毽子比赛，围观的同学可真多啊！

杨帆先踢，只见她右手的食指和中指夹着毽子的底部，然后向上一抛，五彩的毽子飞到了天空中，一会儿又落了下来，杨帆曲腿，稳稳地接住了毽子。毽子和鞋子碰撞在一起发出的"啪啪"声很有节奏，她那条粗大的辫子左右摆动着，好像一位小姑娘，正在欢快地跳舞呢。过了一会儿，杨帆就已经踢了二十多个了，忽然吹来一阵风，毽子被风吹到了墙壁上，我想：这回杨帆可没救喽。谁知杨帆向前迈了一大步，伸长腿一勾，毽子一下子落在了杨帆的脚上，杨帆越踢越多，同学们不停地为她欢呼喝彩。杨帆也高兴得笑了。突然，杨帆变了脸色，因为她把毽子踢到了栏杆上，我们都为她捏了一把汗，就在那千钧一发的一刹那，杨帆伸出腿一勾，有把毽子救了回来，我心中的一块石头终于落了下来。可杨帆却没把握住机会，不一会儿，伴着一声"啪"，毽子落地了。可是同学们也给予了热烈的掌声。

接着，王老师上场了。只见王老师掂了掂毽子，向上一扔，毽子稳稳地落在了王老师的脚上。一个、两个……她越踢越多，眼睛目不转睛地盯着上下翻飞的毽子，胸前的工作牌一晃一摆的。王老师的毽子几次碰到了它，都差点没接住。可是王老师却"转危为安"，两次把毽子救了起来。当她踢到了五十个以后，王老师的脸都红了，同学们都为她鼓劲加油，王老师踢到七十一个以后，高兴地笑了。可正当她得意的时候，毽子被她踢到了水池边，王老师想去救，可惜为时已晚，结果没救着。不过王老师还是踢了七十二个，同学们都为她喝彩。

271. 难忘的表演

一会功夫，我们就来到了三峡广场，这里人山人海，我费了九牛二虎之力才挤到台前，这儿人太多了，我只能有一只脚落地，另一只脚的脚尖点着地。一看台上，哇：只见一位女球手潇洒地把手中的曼陀罗抛出去，来了一个抛砖引玉，紧接着是翻跟头、空中飞人，最后来了一个弯月回旋收住了球。另一位男球手则不甘示弱：只见他的雷霆 AS 一出手便是难度较大的流星飞碟，让人眼前一亮，接着带着呼呼风声的升降机以及奔月弹射，最后一个环绕世界收住了球。这时有一个年龄较小的男孩跳上了擂台，他竟然拿出一个粉色的玄冥，轻轻地把球斜抛出去，一个遛狗招式做的干净利落，接着来了个线上招式摇篮、狗咬，招式不难，但他做的如此完美、漂亮，还是深深地吸引住了人们，最后来了一个卫星回收收住了球。我们都看呆了。

272. 排球比赛

比赛开始了，我的心"怦通、怦通"直跳。"嘟"哨子一响，我把排球往墙上一抛，两手手指交叉，大拇指并拢，右脚跨前一小步，把球垫回墙上去。垫着垫着，我的手心出了汗，手臂酸了，排球渐渐低了，而且速度也慢了下来。我心里有点着急了，生怕排球掉地上。排球掉到地上，按比赛要求要倒扣六下。我想：坚持就是胜利。于是我又使了点力，手臂微微向上一扬，排球又高了，速度也快了。这时，一分钟到了，一位个子高高的，戴了一顶帽子的王老师来记录成绩。我听见了自己垫了"87"下，一下也没有掉下。我兴高采烈地跑到林老师面前，说："林老师，我垫了"87"下，一次也没有掉下。"林老师竖起大拇指说："真棒！"我咧开嘴笑了。

273．追逐蝴蝶

只见青青的草随着和风荡起层层波纹，草丛中娇嫩、鲜艳的野花散发出阵阵花香，吸引着成群的蜜蜂、美丽的蝴蝶、机灵的蜻蜓……走在前面的小雪，高举网子追扑着一只金黄色的带有绿色斑点大的蝴蝶。蝴蝶扇动着翅膀，时而轻拂花哨，在花丛中飞来飞去；时而轻腾起来，从她的头顶飘然而过。小雪高举着网子猛到往上一跳，用力往下一罩。谁知道这机灵的蝴蝶侧身一闪，小雪扑了个空，急得她直跺脚。可是她想：没有失败，就没有胜利。小雪重新振作精神，撒开两条腿，紧追不放。这时，一朵美丽的杜鹃花吸引了这只蝴蝶。小雪是喜出望外，慢慢地向蝴蝶靠拢。她趁蝴蝶不留神，用尽力气，猛地一扑。"罩住啦！罩住啦！"小雪高声欢叫，比出了笼子的小鸟还要高兴呢！

274．学习切菜

我见妈妈忙不过来，就帮妈妈切菜。妈妈说："你不会切菜，你去玩吧。"可是我不肯走开。妈妈没法，只好让我学者切萝卜丝。我想：切萝卜丝有什么难的，还用着学吗？想到这儿，我拿起菜刀开始切起来。可是，事与愿违，我不光切得十分粗，还相当慢。妈妈见了，笑着说："你切的是什么呀："听了这话，我羞愧地低下了头。妈妈说："你要想学切萝卜丝，一要细心；二要手按紧萝卜片；三要拿稳菜刀，慢慢地切。"

275. 第一次包饺子

今天妈妈决定吃饺子，我和爸爸都兴奋不已，连忙帮着妈妈包饺子。

我开始包了，心想包饺子不怎么难，看我的。我顺手用筷子夹了一些饺子馅，轻轻地放在饺子皮上，学着妈妈的样子，把饺子皮的边儿，一点一点地捏起来，再放在手心里，用力一压。啊，不好了，露馅了。我急忙把一张饺子皮盖上去。刚放下心来，饺子馅又从手指缝里冒出来了，原来一处皮又露馅了。

276. 妈妈教我蒸馒头

今天，早上妈妈在洗澡，叫我自己蒸奶香馒头，妈妈把蒸的方法说给了我。我走进厨房，插上电源，在锑锅里面倒上水，把铁网放进去，再把馒头放进去，就开始蒸了，过了一会儿，我进厨房看见水蒸气直往上冒，我想会不会要爆炸啊！我连忙把火关掉，尝了尝，哎呀！真好吃。我想，今天这顿饭虽然吃得很单调，可是它让我学会了怎么蒸馒头。

277. 学蒸包

今天，我放学回家，看到妈妈在包包子，只见她从面团里捏出一块小面团，把它搓圆然后压扁，然后放一点馅进去包起来，一个包子就包好了。

看了妈妈包包子的过程，我感觉很有趣，也想尝试一下。于是，就缠着妈妈说："我也要包。"妈妈看了看我说："好吧！"于是，我学着妈妈的样子包了起来。一个包子终于包成功了，可是，我看见妈妈的包子有花裙子，而我的光溜溜的一大片，活像一个馒头，真丑呀！我心想：怎样才能包出有花边的包子呢？妈妈似乎看出我的心思，对我说："'万事开头难。'你只要认真做，慢慢尝试，肯定能包出有模有样的包子的。"我学着妈妈的样子捏起来，一不小心，面皮被我剥了一层皮，肉馅都冒出来了。

278. 第一次洗衣服

我像妈妈以前洗衣服那样，先接一些水在几个小盆子里面，再把衣服分类，脱色的衣服分一类，不脱色的衣服分一类。因为妈妈说过，分类的时候要认真，不能马虎，如果分错了的话，有的衣服就容易染色了。我把衣服分好了过后，又把水放了一些在那两个盆子里面，还放了几小勺洗衣粉。又把它搅了几下，再把两类衣服各放在一个盆子里面泡好。

等了一会儿开始搓衣服了，由于力气太小，搓不动，所以我只能一点一点地搓。我终于搓完了。我又找来一个大刷子，一个搓衣板，就开始用大刷子来刷了，我用力一刷，我刷的那一快脏的地方就有点干净了，我把中间那一快脏的洗干了后，我就开始洗衣领和袖子了，妈妈说过这些小地方必须认真洗才洗得干净，我终于洗完了，我又来洗袜子了，袜子是不能用刷子刷的，于是我就用手来搓，很快，我就把这些衣服和袜子都洗完了。

我按照妈妈的嘱咐，先拿出洗衣粉，小心翼翼地倒一些在边上，然后先把鞋浸湿，拿来刷子，就开始刷鞋了。我手拿刷子先蘸了点水，有蘸了点洗衣粉，就用力地在鞋子的各个角落刷了起来。我先刷了鞋子的最脏部位——鞋尖，因为我们经常踢球，做运动，往往是这个地方最脏。我对准鞋尖用力的刷啊刷啊，那鞋尖像月食一样，从黑黑的渐渐漏出了白色。

鞋尖刷好了，该刷鞋的左右两边了，我用着和刷鞋尖的方法，大面积的刷来刷去，可效果并不好。我改变的方法，我把左右两面分成4个小块，一块一块的逐一来刷，这样效果就好多了。最后，刷后面最为简单，因为那里不脏，我草草几下就解决了。

279. 刷碗

说干就干，我端了一大叠没洗过的碗放进水池里。我学着妈妈的样子，打开水龙头，用水慢慢地冲洗几遍，我一边冲一边用手擦掉碗上的杂物，一开始进展得很顺利，碗上的许多杂物已经清理掉了。我关上水龙头，得意洋洋地想："现在就剩下抹洗洁精了，以前老听爸爸、妈妈说洗碗很难，没想到也不过如此嘛。"

我正想拿洗洁精，忽然我手一滑，碗就在地上炸开了花，我急忙把碗捡起来，心想："纯属意外，这碗真可怜，第一个成了牺牲品，不过这也不能怪我，失败是成功之母嘛"。接着我拿起另一个碗洗起来。这个碗好象在和我做对，一个劲地往下滑，我洗了半天，也没有洗干净。我一急，手一松，只听"咚"地一声响，结果可想而知。我这才如梦初醒，捡起地上的碗，可惜已经迟了，这个碗摔了个"半身残疾"。

我心里打起了退堂鼓，心想："再这样下去，一池的碗都会被我摔完的"。这时，妈妈走了进来，笑眯眯地问我："碗洗好了吗？我和你爸爸都等着用你洗的碗吃饭呢！"。我羞愧极了，低着头回答说：

"还没有，我老是洗不干净碗。"妈妈见了说："不要心急，我来给你做示范"。说完，妈妈拿起碗，熟练地用水冲洗着，然后抹上洗洁精，用手细心地把杂物清理掉，最后用水把洗洁精冲干净。

我仔细地观察着妈妈的动作，只见妈妈把碗底抹干净，之后一圈一圈地往上擦。妈妈边擦边和我说："有油的碗不太好洗"，我听了恍然大悟，心想："怪不得第一个碗好洗，而第二个碗不好洗"，之后我学着妈妈的样子，笨拙地冲洗着，虽然我洗的盘子没有妈妈洗得那么好，但是我还是很高兴。接着我又照着前次的方法把碗全部洗完了。

280. 做针线活

妈妈教我把针穿好线，把扣子放在衣服正面，针从衣服反面穿过来，穿过一个扣眼，再从另一个扣眼穿过去。"这是四个扣眼儿，要用线在上面走'十'字，横着三回，纵着也三回。"妈妈边说边比划，我就那么朦胧的领会了。哎！听起来好像扣眼里好像充满了"诗情画意"做起来可真难呀！

那小小的针，在妈妈手里很灵活，可在我手里却不听使唤。刚缝了几针，手心就出了汗，还扎破了手。费了九牛二虎之力，终于钉好了，我抽抽线，想把它扯平，可没想到线被抽了出来，原来，我忘了在线的末尾打结了。哎，没办法，只好又从头开始. 终于又缝好了，再打个结儿，把余线揪掉，仔细欣赏欣赏。天哪！我居然看也没看就把不同类的扣子缝了上去，这个扣子在衣服上显得真是"别具特色"呀。

281. 炒菜

回到家，妈妈让我把瘦肉和蘑菇洗干净，然后再把蘑菇和瘦肉切成片，而且要切得均匀。唉！第一次拿刀真是太难了，这么重，老是跟我作对，一点都不听我的话，还差点把我的手指头给切了！切了二十多分钟，终于切好了。

蘑菇切得还不错，可瘦肉说是切片，却让我切得乱七八糟，有的是肉丁，有的是肉条。在妈妈的指导下，我用生粉给肉片裹上了一层浆。这样炒出来的肉片就会又嫩又滑。

哦！准备工作总算做好了，可以开始炒菜了。妈妈帮我把煤气灶打开，说要等到锅干了才可以倒油。可是我心太急，锅还没干我就把油倒进去了，结果，油炸开了噼里啪啦，吓得我丢下锅铲，转身就跑。妈妈说："没关系的，一下子就过去了。"

她用锅盖盖住油锅，果然，一会儿锅里就没声了。我走回去按照妈妈的指示，把肉片倒进锅里翻炒，当肉变成白色时再倒入蘑菇一起翻炒。然后加入料酒去腥，最后再加入盐和味精，洒上葱花就可以出锅，装盘了。

282. 钓鱼

下午5点钟左右，我们来到了奶奶家，一到家，我们便拿起了鱼篓，带上了鱼杆、鱼钩、鱼饵来到河边开始钓鱼。

初时，我是雄心壮志，信心十足，认为这次一定可以满载而归，可谁知到了后来我才发现自己最初的想法是痴心妄想，只见我把鱼饵挂在鱼钩上，扔进水中后，就在水边等待，可我却没有耐心，刚刚等了一会便焦躁不安，在岸边动来动去，还不时把鱼钩拿上来，看鱼饵有没有被吃。好不容易有鱼过来试探有没有危险，我却中了它的"计谋"，一见夜光弧稍微地摆动，便迅速提起鱼钩，最后肯定没钓到鱼。

283. 系鞋带

先把两根雪白的鞋带从鞋子前方的第一排扣眼穿过提起来比一比，把它们对得一样长，然后左边的鞋带穿到右边的下一排扣眼处，右边的鞋带穿到左边的下一排扣眼处，依此方法把剩下的扣眼穿完后，再系一个交叉的活络，最后左手套一个圈，再用右边的鞋带压住左边的圈，右边再套一个圈，两个圈和右边的圈套起来，两个圈用力一拉就变成了蝴蝶结。我穿上系好的武术鞋，真想站在赛场上又一次的去努力拼搏，再拿金牌。

284. 学滑冰

今天晚上，妈妈带我去海滨公园散步。到了公园，我看见许多小朋友都在滑冰。我也要一双滑冰鞋。在我苦苦哀下妈妈终于答应给我去买。买好滑冰鞋，老板提出免费学会滑冰。到了场地，教练先教我双脚摆成小八式，身体向前倾斜，两手自然放下。

教练就要我这样姿势站一分钟。然后教我两脚踏步，走路。一不留神摔了一跤。心想；不摔跤，学不会。我马上站起来，还没有站稳又摔倒了，不知道摔了几次，我终于学会了站立。明天，我还要学走路，滑冰。我一定要把它学会。

285. 做手工

今天下午，我选了一副鹦鹉的手工画，我要把它变成一只可爱的小鹦鹉。我先准备好固体胶和剪刀，开始沿着黑线剪下来。妈妈告诉我，剪的时候要小心。可是我没耐心，剪子又不听我的话，结果剪的一塌糊涂。

我先剪好栖木，再剪鹦鹉的身子，最后剪鹦鹉的翅膀。剪好后，我沿着虚线对折，就这样我做好了栖木和鹦鹉的身子，然后把翅膀用固体胶粘在鹦鹉的身子上，最后再把鹦鹉摆在栖木上。这样，一只可爱的小鹦鹉就做好了。

286. 泥巴手工

今天，我在辅导班里做了一个有趣的游戏：做手工，用泥做出自己想做的东西。

首先，老师先发给我们一人一块泥巴，然后再摔熟了，就可以制作了。因为我从小生活在城市，小时候没怎么接触泥巴，所以我用老师摔的泥巴。

我先在脑子里构思一下，决定做一个小女孩儿。

我先拿起一块大泥巴，把它放在手心里团成一个圆球，然后把它放在左手的手心里，用右手在它上面一按，小人的脸就做完了。

接下来，我要做小人的下身，可我怎么也做不出来，于是请老师帮我做，老师先把泥团成一个圆球，然后让它上面细而平，下面粗而平就可以了。哎呀，我怎么就没想到呢？

接下来我用竹签把它的上身和下身连在一起，小女孩儿的身体已经做成了，接下来就是更细致的工作，让她变得更生动一些。

我先把泥巴做成一个小圆球，然后把它一分为二，按在上面，一双眼睛就可以了。

再把剩下的搓成长条，切下一点，放在两只眼睛中间偏下的位置，鼻子就做好了。

嘴巴也用同样的方法搓成长条，但在往上面按时，让她稍微有点弯，使她显得更生动。

129

两只耳朵先搓成一个小圆球，然后从中间切开，呈弧形的那一边再捏扁就可以了，这样两只耳朵也完工了。

两只小辫子用做手臂一样的方法，插在脑袋上就做成了羊角辫。

287. 捉鱼

我们来到池塘的边上开始捉鱼了。我的这一位朋友就住在这个池塘的边上。于是，他就去拿了两张网和一只提桶。我跑过去拿了一张网。回到池塘边上，我看见一条大鱼跳起来。我就急忙叫那位朋友来一起捉。他赶快跑了过来。他来到了池塘边上立刻动手用网捉鱼。

我把网伸到水里，轻轻地往前移动。可是，那些鱼儿非常机灵，看到网的影子，就立刻往远处游走了。我跟着那条鱼跑，想去追上它。我跑得非常累，但是追不到它。

288. 捉螃蟹

我们累了，坐在地上休息休息，发现沙滩边的乱石滩上有好多好多的小螃蟹，这可激发了我的兴趣。我穿上鞋子，和弟弟妹妹来到乱石滩。我将一块石头翻起，就看到一只小螃蟹，我赶紧捉住了它。仔细一看，他的样子很威武，棕色的外壳上有两只有黑有小的眼睛。十只长腿，两只大脚不时的抬起，做出要咬人的架势，威风极了！

289. 学骑车

表哥先把车骑到一片草地上，然后对我说："骑车其实很简单，只要你扶着车把，再蹬上去，还要克服恐惧的心理，这样就行了。你先自己骑骑看，我在后面扶着后座。"太好了，我终于可以学骑车了，

我心里像吃了蜜一样甜。我扶着车把，跨上坐垫，我心里像揣了只兔子似的，直跳，车把时而向左，时而向右，好像一不小心就会摔倒下来似的。

我尽力抑制住自己紧张的心情，让自己平静下来，一会儿功夫，我便掌握了平衡的技巧。

290. 奶奶学开车

今天，教练带奶奶去南坑村那儿学开汽车，我也过去了。只听奶奶嘴里念念有词："脚踩离合器，挂档，松手刹，加点油！"奶奶先顺着这条路直开，然后调头，踩离合，减档。别看奶奶六十多岁了，手脚还是那么麻利，那方向盘被奶奶转得可快了。

在那里练了好长一段时间，我们准备回家，当车开到泉林路口时，突然迎面开来一辆大巴，奶奶一看，顿时慌了神。只觉得汽车一阵猛烈地颠簸，便向路边的隔离带驶去，说时迟那时快，眼疾手快的教练急忙拉了手刹，我再看奶奶，只见豆大的汗珠挂在了她的脸上，像断了线的珠子似的落下来。

291. 小摩托车

小摩托车不但漂亮还十分好玩。玩耍时，把住摩托车放在地板上，用手按住，让轮胎紧挨着地板，然后慢慢向后拉，拉到一定程度时，松开手，它就像离弦的箭向前冲去。

真快呀！在摩托车行中有时我让驾驶员翻"筋斗"，有时，我让驾驶员坐在车把上，像一位高超的杂技艺人在表演精彩的节目。

292．练书法

暑假的一天，小刚一起床。就跑到书房练起书法来。他背挺的直直的，左手压着纸，右手握着毛笔，专心致志地练起书法来。他虽然不是大书法家，但是他练书法的姿势像一个大书法家。他的每横和每竖都写的像笔一样直。要拐弯的时候小刚轻轻一笔就带过去了。不过一柱香的时间小刚就练完了一篇毛笔字。

当他拿起来欣赏的时候，他发现有一些字写的很乱。他决定从新练一篇毛笔字。他小心翼翼地练起第二篇毛笔字来。真是好心不负有心人，很快小刚就练完了第二篇毛笔字。他得这篇毛笔字练得很好，就拿给妈妈看，妈妈说："小刚你练毛笔字进步得越来越快了。"小刚说："谢谢妈妈的夸奖。"

293．摘梨

今天中午，我、妹妹和吴妍三人一起去摘梨。来到一片梨树前，吴妍就对我们说："现在开始摘梨子。"说完，她就顺着树爬了上去。上了树，她说："我好害怕呀！还是让你们爬树吧！"说着，她就顺着树干滑了下来。妹妹勇敢地爬上了梨树，只摘了一个小小的梨子就跳了下来。"我也害怕！"妹妹说，"还是姐姐你来爬吧！"我答应了。

我顺着树叉爬了上去，坐在高高的树叉中间，得意地看着她们，笑着说："你们让开一点，我要让它下梨雨了，别砸着你们！"我看见一根树枝上结满了梨子使劲摇动。黄澄澄的梨子像下雨一样落个不停。

不一会儿，吴妍急了，说："别摇了，别摇了！让我来过个瘾！"我跳了下来，让她上去。这一回她的速度惊人地快。她像小猴一样迅速地爬上了树。她一会儿在这儿摘一只，一会儿在那儿摘一只。不一会儿，她就摘了半袋梨子下树了。我和妹妹在树下拾起落下来的梨子。然后，我们就回家了。

294. 爬树

小葵和瑶瑶就飞奔过去，灵敏地上了树，只有我呆呆地站在树下。不是我不想爬，而是我根本不会。为了不失去我当姐姐的尊严，我硬着头皮，抱着树，用脚蹬了蹬。看着容易做起来难。这棵树比较光滑，没什么树杈长在上面。"姐姐，你不会爬树呀。"瑶瑶坐在树上，捧着个梨，笑眯眯地问我。"嗯"我答道。"我帮你！"小葵往下爬了几步，轻轻一跳，便到了我的面前。

295. 织围巾

妈妈先教我打围巾，再教我打围巾的开头。看着妈妈以超常速度打围巾，我赶紧抱怨道："放慢点速度嘛，人家都看不明白了。"于是妈妈就一针一线地教我，一直教了好几遍才放心，哈哈，原来这么简单。

接着再教我编完一排后该如何打另一排，哎，不知道是我笨还是我傻，这个教了老半天也不会，妈妈不耐烦了，说："只要记住先用一根没有毛线缠绕的针穿进另一根针上的小孔，再用毛线团的毛线缠绕那根没有毛线的针，再把那根针退出来就行了，后面都是按图索骥。"这样就行了，接着我就继续编织围巾。

296. 织毛衣

奶奶让我拿来两根毛线针和一个毛线球。奶奶让我仔细看，只见她先拿出一根毛线针，用左手握住毛线针，右手握毛线，然后伸出右手的大拇指和食指，把毛线绕在毛线针上。我看这样做并不难，就学她的样子，也绕起毛线。奶奶夸奖我做的真好。她告诉我，这叫织毛衣的"起头"。

起好了头，奶奶又教我织毛衣。她让我左手拿起好头的毛线针，右手拿另一根毛线针。然后把右手握住的毛线针插在交错的位置，接着把毛线绕在右手握的毛线针上，绕过来后再挑出来。这样就织好了一针。这样织有点难，我学了好长时间才学会。

297. 跳高比赛

尽管下着小雨，但丝毫没有影响运动员们的发挥。在众多的比赛中，给我印象最深刻的还是六年级的跳高比赛。这次跳高比赛，我们班两位主力上场，一位是周扬杰，一位是尹鹏程。他们俩也没有辜负我们的期望，前三跳都顺利过关。横杆的高度在逐渐升高，选手们也陆续被淘汰，最后只剩下两名选手，分别是我们班的周扬杰和六三班的王鹏。

他们俩你争我夺，不相上下。横杆终于被升到了最高，这给两名选手增加了不小的难度。他们俩的前两次都失败了，第三跳，王鹏的心理压力很大，助跑、起跳都使出了全身的力气，真像"鲤鱼跳龙门"，一跃而起，沉稳地落下。全场观众一阵喝彩。轮到周扬杰跳的时候，响起了一片加油声。他的助跑开始了，观众的心都悬了起来，但横杆还是被无情地碰落下来，周扬杰屈居第二名。

298. 堆雪人

首先我们拿来了工具，还有姐姐的小蓝帽子，两个红艳艳的扣子，胡萝卜，还有我那蓝白相间的围巾呢！然后就在我们家的小空地上堆起了雪人。

堆雪人，首先要用雪堆成两个球体，一个大的当身子，一个小的当它的头，姐姐把她的帽子戴到了雪人的头上，再把两个红扣子当眼睛，胡萝卜当了它的鼻子，我把我漂亮的围巾围到了雪人的脖子上，呵呵，可真神气！姐姐最后给它画了个微笑的嘴巴，它的笑容好像很满意。

299. 跳远比赛

星期四早上，激动人心的跳远比赛开始了，我是最后一个出场的，看到前面所有同学的出色表现，我更加紧张了。终于轮到我了，我深吸一口气，迈开脚步向沙坑冲去。踏板、起跳、落地，令人伤心的是我没有踩到踏板。值得庆幸的是这只是试跳。

比赛正式进行，我连跳三次，前两次我犯了同试跳类似的错误，成绩很不如意。最后一次机会来了，我的心里像装着一个大鼓咚咚敲个不停。我暗暗告诉自己一定要跳好。我咬紧牙关，冲刺、起跳、落地，两米三！啊，我高兴地跳了起来！比赛结束了，虽然我没有进入决赛，但是我仍然很高兴。

300. 做圣诞树

开始了，灵素姐姐让我们分成两组，一组做圣诞树，一组做花环。我做圣诞树。灵素姐姐说："我们在这里，不用卡纸，而用一种新东西来做——那就是'不织布'。""咦？'不织布'是什么东西？怎么能不用卡纸呢？"我歪着脑袋说。"其实，用'不织布'做更环保，而且做得也很漂亮！"灵素老师的一句话令我恍然大悟。

"开工咯！"我先用一张深绿色的"不织布"做圣诞树身。然后，在它顶端用黄色"不织布"剪出了七颗星星和六颗小铃铛。一颗星星放在"头顶"，其他的六颗星星分别放在圣诞树身的左右两侧，一边三颗。而星星就"挂"在圣诞树的树梢上吧。接着，又用红色"不织布"剪出了爱心、糖果、圣诞袜等装饰品。

最后，又在一张粉色"不织布"上，剪出了一个个小蘑菇和小酒杯。"噢！大功告成喽！"我兴奋地大叫。"咦？你这个圣诞树怎么没有腿啊？"一个旁边的同学问到。"啊？哦，不好意思，我忘了。"我挠了挠头，笑了笑。又拿起一张棕色"不织布"剪了个圣诞树的底子。最后，灵素老师又向我们介绍了一种新东西——热熔枪。有了热熔枪，我的作品很快就成形了。

301. 静电的发现

去年夏天的一个星期天，妈妈有事出去了，我一个人在家做卷子。写着写着，突然遇到一个难题，我低头认真思考着，手不经意拿起一把格尺，习惯的放在头上敲几下，马上有了思路。当我把格尺放在桌子上时，格尺却把桌子上的几片小纸片吸了起来，我感到很奇怪，我又撕了些小纸片，把格尺放在头上蹭几下，放到纸片上，结果有好多纸片被吸起来。

302. 做汤圆

首先安排位置，我跟爸爸一边，妈妈一个人一边。包汤圆开始了，准备的材料有糯米粉、水、水磨芝麻还有糖。

妈妈先把糯米粉倒入一个盆子里，再倒下一些水，水不能太多，用手搓着，再往返地和着糯米粉，搓到差不多再倒下一些水，直到糯米粉变成团，用手在糯米团里掰出一块粉团，做成香蕉外形，把它平分成五块，拿出其中一块放在手心里搓成圆形，越圆越好。

我和爸爸太笨了，每次一搓就露出一个大窟窿，只有妈妈的不一样，她搓得圆润饱满。终于在我们的努力下汤圆包好了，妈妈先在锅里放些水，把水煮开了，再加些糖，最后把汤圆放进锅里煮，煮到汤圆浮到水面，汤圆就熟了。

303. 杨梅

我捡起一个，随便擦了擦，便一口咬下去，吱一声，紫红的汁水顿时溅满了我的脸，流进我的心里，那个甜，不像蜂蜜，也不像蛋糕那种甜，而是那种纯天然地，虽说蜂蜜也如此，却还是敌不过杨梅的纯，香是那杨梅身上从一粒粒的小疙瘩缝隙中散发出来的，凑近鼻子一闻，虽淡，但还带有一丝自然的味道，甜更不用说了，早就从我的味觉通过神经传递到了大脑。一瞬间我喜爱杨梅的兴趣已经占满了我的全身。

304. 学做针线活

说做就做，我拿起了线，学着同桌的样子，先把线放在舌间沾湿，然后用双手搓细，再慢慢往针鼻眼里穿，可怎么也穿不进。于是，我暗暗告诫自己："别慌，要镇静，慢慢来。"就这样，一次，两次，三次……。好不容易穿上了。可怎么绣呢？啊！我想起来了！应该先在纸上绣一下，再把针从斜上角穿过去，然后左一下，右一下顺着纸上的小洞洞重复动作，最后还要系上一个小疙瘩呢！

305. 绣花

我继续绣了起来，可这轻飘飘的针，在我手里好似很重一样，每绣一下，都让我费好大的劲，刚绣几下，就累得直冒汗了。我绣着绣着，一下把手给扎破了，"哎哟!"我大声地喊，啊! 手都被扎出了血，我的身子猛的抖动了一下，下意识地吹了吹手指放在嘴巴里含了一会儿。

306. 转笔

我转过头看了看那位把笔转掉的同学，他似乎也没在意转掉的笔，只是皱着眉，看着老师在黑板上抄的题目，一个不经意的动作，拿起笔，再转，再掉在桌面上，再拿起，再转……

转笔或许已经成了我们班的一种时尚了吧。

会转的，开始学习新的转法，不会转的，开始学着转。

笔在指尖上跳舞。你的指尖，无名指一甩笔，笔便在大拇指上飞快的一个转动，卡到无名指时停下，再甩，再转，再停下……我的指间，拇指甩动笔，食指接住，传给中指，中指再传……指头快速地变化，笔轻盈地在五个指头上穿梭……他的指间，他似乎是个初学者，慢慢地转动着笔，掉下，捡起，再接着转……

307. 学骑马

走近那匹又高又大的骏马，我又不由自主地退了回来。想起老师给我们讲的骑马死人的故事。我又想，男子汉大丈夫，上刀山下火海，泼出去的水怎能收回? 今天我豁出去了! 最后，我击败了前者，选择了后者，小心翼翼地上了马。

走在雪地的小路上，我和姐姐有说有笑，我偶尔转过头来看看这匹马，想像电视里的大侠那样奔腾，不由自主地用劲拍打马的屁股，马突然一个劲儿往前跑，我的心一下子提到了嗓子眼。我想，这下死定了，老天啊！你忍心把一个 5 岁小男孩送进地狱吗？不行！我要挽回我自己的生命，像电视里的人一样使劲地拉住僵绳。哎！神了，它竟然听我的命令停了下来，心里终于舒了一口气。

308. 风筝

我即刻伸手折断了蝴蝶的一支翅骨，又将风轮掷在地下，踏扁了。论长幼，论力气，他都是敌不过我的，我当然得到完全的胜利，于是傲然走出，留他绝望地站在小屋里。

309. 他的脸

他已在客厅里，衣服上全是褶皱，我突然朝他大吼："为什么不脱衣服就睡?!"吼完了才愚蠢地意识到，为什么我就忘记了临睡前帮他脱呢？我无比羞愧地转过身去，拿了梳子给他梳头，他顺从地坐下来，任我帮他整理黑硬的短发，又将毛巾浸了水，笨拙僵硬地给他擦脸，刮掉新长出来的胡子。

310. 俯卧撑

那是一个盛夏的晚上，我下楼去散步，碰见了我原来的好朋友武文斌。我们俩有很长时间没见面了，所以一见面便兴致勃勃地聊了起来。聊着聊着，他突然问我；"毛毛，你能做几个俯卧撑?"我摇了摇头，说："不知道。"没等我说完，他就趴在地上做了起来，一边做，一边还说："我能做20多个，你肯定做得比我多。"刚说完不久，他便站了起来说："一共做了25个，你也去试试吧。"

我没办法，只好硬着头皮去做。要知道，我在体育方面可是最不行的，因为，我太胖。我趴在地上，做了不到5个，便力不从心地败下阵来，武文斌看了便说："想不到你才做5个，我以为你多棒呢?!"听到这话，我的脸刷地一下红到了脖子根。如果地上有条缝，我真想钻进去，但这是不可能的。回到家，我躺在床上，翻来覆去睡不着觉。

311. "骑马"的弟弟

众人面前，我这个十六岁的女孩无奈地俯下身子，习惯地用手撑着地，可是，驮了他两圈之后，再不能自已，失声痛哭起来，无意把他摔了下来。不料，这下竟闯了通天大祸。她骂我不给面子，连弟弟一个小小的要求都不能满足，接着，照例和爸爸一人扯住我一只手，她凶狠地揪着我的头发往门上碰。

312. 公园的男孩

一进园门，就有个男孩子粘上我了。他大约十一二岁，穿着红背心、蓝短裤，腰带耷拉着一截；浑身是土，像个小土地爷。毛茸茸的小平头，衬着一张白皙的小圆脸儿，使我联想到蒲公英。他像飞蛾见了火似的，在我身前身后转悠，伸着脖子看我的镁光灯。

313. 树上的女孩

这一来，倒吓我一跳，仰头一看，一个十二三岁的女孩子，高高地坐在一枝树杈上，手里还拿着一只口琴，正准备吹哩。她穿着火红色的绒绒衣，套一条豆绿色的短裙子。两只穿着力士鞋的小脚悬空的奔拉着，怪自在的。她那梳着小辫子的脑袋歪倚在右肩头上，水灵灵的大眼睛向我顽皮地眨巴着，鼻子略显有些上翘，显露出一副淘气相。只要你一看见她，就会从心眼里喜欢她。

314. 吃火锅

说起冬天，忽然想到豆腐。是一"小洋锅"白煮豆腐，热腾腾的。水滚着，像好些鱼眼睛，一小块一小块豆腐养在里面，嫩而滑，仿佛反穿的白狐大衣。锅在"洋炉子"（煤油不打气炉）上，和炉子都熏得乌黑乌黑，越显出豆腐的白。

这是晚上，屋子老了，虽点着"洋灯"，也还是阴暗。围着桌子坐的是父亲跟我们哥儿三个。"洋炉子"太高了，父亲得常常站起来，微微地仰着脸，觑着眼睛，从氤氲的热气里伸进筷子，夹起豆腐，一一地放在我们的酱油碟里。我们有时也自己动手，但炉子实在太高了，总还是坐享其成的多。

这并不是吃饭，只是玩儿。父亲说晚上冷，吃了大家暖和些。我们都喜欢这种白水豆腐；一上桌就眼巴巴望着那锅，等着那热气，等着热气里从父亲筷子上掉下来的豆腐。

315. 手心里的月饼

刘老师右手捏起一块月饼，送到嘴边，小心而又狠力地咬下一口，几乎同时，他伸出左手摊开巴掌，在下巴颏下接着。一个月饼吃完，月饼屑也就铺满了一巴掌。他不慌不忙，将左手的五指向掌心一拢，月饼屑便拢在一起，然后，忽地往张开的大嘴巴里一拍，便香香地嚼

起来。他又搓了搓手掌，左右开弓抹了两把嘴，整理好衣服走到电脑桌前。

316. 爸爸打我了

爸爸气极了，一把把我从床上拖起来，我的眼泪就流出来了。爸爸左看右看，结果从桌上抄起鸡毛掸子倒转来拿，藤鞭子在空中一抡，就发出咻咻的声音，我挨打了！爸爸把我从床头打到床角，从床上打到床下，外面的雨声混合着我的哭声。

317. 杂技转伞

那是由两个十二三岁的小姑娘表演的转伞杂技。节目开始了，只见一个小女子蹲下射，另一个女孩稳稳地踩在肩上。蹲下去的女孩慢慢地直起身，两个人手依然保持平衡的样子。只见，下面的小女孩慢慢拿起伞递给了踩在自己肩上的小女孩，凌空转起了伞。就这样，一支、两支……伞在她们的手里又一次转了起来，旋转的小伞就像一支支翩翩起舞的彩蝶，两个纤细的身躯轻盈地移动变换着各种姿势恰似优柔的柳枝，蝶绕枝飞，是那样的和谐，完美。

318. 运动员的准备

那个运动员，在沙坑前做着准备活动，弯弯腰，踢踢腿，做两个开蹲。脸上洋溢着自信的笑容。"下一位"，裁判叫道。那位运动员走到起跑线上，左脚在前，右脚在后，形成"弓"字步，双手托地。眼睛睁得大大的，像一只猎豹找到了猎物，准备进攻。

"砰"的一声，运动员似箭般冲了出去，才开始是慢慢地，稳重的慢跑。到了中间那条红白相间的线，他的后面似乎有人在推，开始加速，脸上的笑容也不见了，换成一副严肃的表情。到了最后一条红白相间的线，用尽全力，脚上像长了翅膀，飞奔踏板。

在左脚踏上踏板的时候，时间似乎凝住了，所有人都屏住呼吸，只见他用力在踏板上一蹬，随即蹦高半米，在空中划过一个漂亮的圆弧，坠入沙坑，双腿弯曲整个人蹲在那里，双手握拳在腰旁。

319. 家里的乒乓球

今天，我家里摆了一张乒乓球桌，请了我的伙伴杨鑫来打乒乓球。先是我发球了，我想："我发'抬空球'"，他一定会抽过来。于是我发了一个较低的抬空球，不想，他猛地抽过来了，我没接过来，唉，真是自作自受。

轮到杨鑫发球。只见他脸绷得紧紧的，眼睛盯着我慢慢地举起球拍，突然他身子一沉，右手闪电似的一击，球像一道白光蹿向我方的球台，我后退不及。慌忙一挡，哎呀，球飞出界了，我输了。看来我还要再接再厉了，俗话说的好"失败乃是成功之母。"

320. 荣耀的绶带

他半蹲在起跑线上，左脚尖顶住起跑线，右膝跪在跑道上，两手就像两根钉子插在地上。整个身体微微前倾，抬着头，目不转睛地盯向前方，那样子，就像一只展翅待飞的雄鹰。"预备……"随着这拖长的声音，他慢慢绷直右腿，仿佛是一张拉开了的弓。

"啪！"那"箭"猛然射了出去。他飞快地跑着，像闪电，像受了惊吓的羚羊，像脱了缰的野马，奔跑着……跑了一段后，他的速度渐渐慢了，可是他仍然大幅度地挥摆着双手，努力向前跨着大步。

离终点不远了，他猛地抬起头，闭上眼，咬紧牙关，拼命地冲向终点。"冲啊!"周围响起了狂热的呼喊。终点就在眼前了! 只见他猛一低头，身体向前冲，那条终点绳挂在他的身上，如同一条荣耀的绶带。

321. 铅球场地的比赛

"加油!"在"果冻"的呐喊中，我班的"金刚"——陈栋，手里掂着那个沉沉的铅球，迈着有力的步子走进了铅球场地。他环视了一下狂热的"果冻"，咧咧嘴，算是给崇拜者们的一个笑容。然后，他走进投掷圈的中心，眼睛狠狠盯着投掷区最远的那个标记，那气势，简直就是下山的猛兽，使全场一片寂静。

过了一会儿，他把铅球托起，稳稳地放在肩头锁骨窝，左手向前方斜伸，右腿向后退了一大步，身体向后方倾斜。手臂上的肌肉鼓起来，脸上的肌肉也绷得紧紧的。突然，他抬起身体，用力一蹬右腿，"嘿"——随着一声暴喝，他转身猛力一推，将球奋力投出。铅球如流星一般在天空划过一道美丽的弧线后急速落到了地面。

322. 被弄脏的球鞋

真是"冤家路窄"，偏偏我这个笨嘴拙舌的人，弄脏了小辣椒的白球鞋! 我不知如何是好，低着头说："对不起，对不起……"话一出口，我又后悔了，小辣椒又该说："对不起，能值多少钱!"了，可是，半天不见回声。我更慌了，连忙掏出手绢，要去擦那白球鞋上的黑印儿，就在这时，蒲银玲抓住了我的胳膊，把我拉了起来，只见她笑眯眯地望着我说："晓红，看你说到哪儿去了。"我仍忐忑不安地说："这洁白的鞋……"蒲银玲打断了我的话说："脏了，可以洗干

净！刘晓红，你别在意……过去，我语言不美，伤害了不少同学，给大家留下了不好的印象，今后你可要多多帮助我。"我惊奇地睁大了眼睛，竟呆住了，这是小辣椒的话吗？

323. 喧闹的教室

教室里简直乱成了一锅粥，怎么办？对，杀一做百！于是，我瞪着眼睛，怒气冲冲地朝闹得最欢的崔金亮吼起来："崔金亮，你站起来！看你那德性！"他仿佛聋了似的。对我的话根本无动于衷。我走过去想扯他，这时传来阴阳怪气的声音："好嘛，吃黄河水长大的——管得倒宽。"我扭头一看，立刻气得火冒三丈，说话的竟是崔金亮的组长邱亮。这不是存心跟我作对吗？我三步并作两步，来到邱亮面前指着他的鼻子说："你是组长不管他，还同我作对，这像话吗？"他不紧不慢地说："这样训人，我看不惯！"他这么一说，把我气得像暴怒的狮子，又吼起来："你，你也站起来！"邱亮脸朝天花板，直翻白眼，对我不理不睬。

324. 球场的技术

魏辰卖了一个破绽，终于找到机会把球抛给了身后的徐天元。徐天元跳起投篮，可惜没中，还好，在下面接应的叶枫抢到球，一个补射，进了！顿时全场一片欢呼，鼓掌欢呼声此起彼伏，喊声震天。

325. 篮网中的球

"嘟——"洪涛势如猛虎般半路杀出，断球成功。抢到球后，只见他向左一摆头，做了一个假动作，巧妙地躲过对方的阻拦，沿着右边线迅速地带球切入篮下，"嗖－嗖－嗖！"一个势不可挡的"三步跨篮"，然后腾空跃起，右手将球托起，手腕轻轻一抖，那球就沿着一条弧线乖乖地跃进篮网之中。"嘿，好球，好球啊！"球场周围顿时响起雷鸣般的掌声和欢呼声。

326. 卡住的足球

我和几个小朋友在楼前广场上踢足球，正踢得开心，只见刘宾突然飞起一脚，"咚"一声，那球飞上了天。我们仰头刚要叫好，不料那球像着魔似的，往左边一歪，落在树杈间，还没来得及晃荡，便卡住了。

327. 运动场上的鼓励

后面的两个女同学追了上来，跑到了我的前面。这时我的心一下子提到了嗓子眼，同学们不约而同地齐呼："徐琳加油！徐琳加油！"随着这"加油"声，我鼓足了勇气拼命地向前飞，汗水像小溪似的从额头上流淌下来。我在最后一刻飞也似地向着终点冲刺，终于取得了第三名。同学们都开心地笑了，老师也笑了。

328. 飞驰的速度

高明抖擞精神，速度不但丝毫没有减慢，反而越跑越快。后边的几位运动员都急红了眼睛，恨不得生出一对翅膀，玩儿命地追。随着终点的临近，啦啦队的呐喊助威声也越来越高，一阵盖过一阵。只剩最后30米了，出人意料的情况突然发生了。只见第五道的王彬突然明显加快了速度，似流星赶月一般转眼超过了一个，又超过了一个……，已经同高明并驾齐驱了。只剩最后十多米的较量了，究竟谁胜谁负？这时，啦啦队员的嘴巴仿佛都被胶布封上了一般发不出喊声，同学们的心都吊到了嗓子眼儿，裁判员们也都瞪圆了眼睛。

329. 教室里的百态

人们的神态动作各不相同。做题的，手里拿着笔不停地算着、写着；被问题难住的，趴在桌子上，把头深深埋在臂弯里思考，一会儿又一下直起身来；背题的，表情动作更加复杂，一会儿眼睛狠命地盯着书，好像要把书上的每一个字都生吞下去，一会儿又双手捂住耳朵，紧闭着眼睛，嘴里嘟囔出一长串的话——没有谁能听出个数。靠墙边两位研究学习题的同学脑袋都快贴在一处了……

330. 操作小实验

按照小实验的要求，我们开始动手操作了。孙华点着蜡烛，我把白纸做屏幕，李刚把凸透镜放在蜡烛和白纸之间。当这三样东西恰恰处于同一高度同一直线上时，奇迹出现了：在纸屏上映出了火焰的倒像，那火苗也是一晃一晃的，特别清晰。我赶紧把纸屏递给别人，抢过凸透镜，并前后移动起来。"这是为什么？"做完实验，大家的心里都充满了疑问。待老师讲了光学原理后，大家才恍然大悟，一个个就像小鸡啄米似的连连点头。

331. 收集知识

我也开始注意学习修辞。我看小说时，旁边常放着一个小本本，遇上精彩的句子或词语，就随手记下来。小本本的扉页上写着"行文用字，应该是——平字见奇，常字见险，陈字见新，朴字见色。"我把这句话当作座右铭。

我分门别类摘抄词句，如"名言"、"名诗"、"名词"、"写景"、"人物"、"谚语"、"歇后语"、"成语"。我把自己编的，仅给自己看的这本资料，称为《小辞源》。至今，我仍然保存着它，写作时要用到它。例如，今年一月至三月，广州《羊城晚报》连载我的中篇小说《鬼山黑影》，其中所引用的闻一多的诗《色彩》，就是从这本《小辞源》上摘抄下来的。

332. 书画比赛

伴着《七子之歌》的优美旋律，书画比赛拉开了帷幕。书画室里热闹非凡，小朋友们欢聚一堂，各显身手，我们都戴上了标有"欢迎澳门回归"字样的小红帽，尽情地挥毫泼墨，抒发心中对澳门回归的激动之情，对伟大祖国的热爱之意。我拿出精心准备的《万象更新》画稿，仔细地勾勒着，心中激动不已：这可是为庆澳门回归特别举办的比赛，一定要认真画。再看看别的小朋友表现如何，噢！真不错。他们专心致志书画的场面深深地触动了我。瞧！那是张家港小朋友的书法，字字苍劲有力，隽永俊俏。

333. 紧张的跳绳比赛

开始，大家跳得都很快，很轻松，个个脚尖几点地。红色的绳子从脚底"嚓嚓"而过。绳子飞快地在我眼前晃过。但是，大约过了四十秒钟，我就觉得脚不听使唤了，脚尖上麻辣辣的，身上十分地热，感觉软软的，浑身上下没有了开始的那股劲儿，汗也止不住地流下来。又过了五秒钟，我觉得自己软得像泡泡糖一样，跳起来也有气无力了，头也垂了下去。这时候，我听见下面的同学在喊："陶丽，加油！陶丽，加油！"我抬起头，向前望去，他们的目光中充满了鼓励和期盼。于是，我又鼓起了劲，飞快地跳起来。比赛结束了，我竟然跳了一百八十八个！

334. 入场的方队

我们排着一路纵队跳跃着进入场地。随着音乐声起，我们灵活地扭动腰身，蓝色的花环也随着头的摆动，有节奏地颤动着。要做最有趣的动作了，我把两脚分开，两手斜下伸，按着节拍耸肩、提脚后跟，身体一起一伏的，活像一只走路时摇摇摆摆的小鸭子。

335. 杂技表演

我更加得意，使出了"空中飞人"的绝技。秋千在空中来回荡着，我默默数着："一、二……""三"字刚出口，我的身体就势在空中一转，便跳了下去。谁知两脚刚着地，腿脚一软，身体在地上翻了好几个跟斗。

336. 踢毽子游戏

下课铃响了。围墙的东南角聚集着一群女同学，正在做踢毽子游戏。只见一个同学先用脚尖轻轻地踢了一下毽子，接着又用后脚跟踢，左脚踢，右脚踢……那毽子就像一朵盛开的花朵，忽上忽下，旁观者都为她鼓掌加油。

337. 对阵的武打

眼见这一推来势凶猛，挡既不能，避又不可，当下双足一点，跃高四尺，躲开了这一推，落下时却仍挡在洞口。只听身后腾的一声大响，泥沙纷落，欧阳锋这一推的劲力都撞上了山洞石壁。

欧阳锋叫声："好！"第二推又已迅速异常的赶到，前劲未衰，后劲继至。郭靖猛觉得劲风罩上身来，心知不妙，一招"震惊百里"，也是双掌向前平推，这是降龙十八掌中威力极大的一招。这一下是以硬接硬，刹那之间，两下里竟然凝住不动。郭靖明知己力不敌，非败不可，但实逼处此，别无他途。

完颜洪烈见两人本是忽纵忽窜、大起大落的搏击，突然间变得两具僵尸相似，连手指也不动一动，似乎气也不喘一口，不禁大感诧异。稍过片刻，郭靖已是全身大汗淋漓。欧阳锋知道再拼下去，对方必受重伤，有心要让他半招，当下劲力微收，哪知胸口突然一紧，对方的劲力直逼过来，若不是他功力深厚，这一下已吃了大亏。

欧阳锋吃了一惊，想不到他小小年纪，掌力已如此厉害，立时吸一口气，运劲反击，当即将来力挡了回去。若是他劲力再发，已可将郭靖推倒，只是此时双方掌力均极强劲，欲分胜负，非使对方重创不可，要打死他倒也不难，然而这小子是真经武学的总枢，岂能毁于己手？

338. 被砍到的树

这是一个最荒谬的办法；但是我心里已经着了迷，便不顾一切地去进行工作。我砍倒了一棵杉树。我相信连所罗门造耶路撒冷的圣殿时也没有用过这样大的木料。在靠近树根，它的直径是五尺一寸，在

二十二尺的末端，它的直径是四尺十一寸，然后慢慢细下去，分成一些枝子。

我费了无数的劳力，才把这棵树砍倒，我花了二十二天的工夫去砍它的根部。又花了十四天的工夫，使用了大小斧子和一言难尽的劳力，才把它的树枝和它那四面张开的巨大树顶砍了下来，然后，我又花了一个月的工夫把它刮得略具规模，成为船底的形状，使它可以船底朝下浮在水里。又花了将近三个月的工夫把它的内部挖空，把它做得完全像一只小船。我做这一步的时候，并不用火去烧，只用锤子和凿子把它一点一点地凿空，一直把它造成一个很体面的独木舟。其大可以容纳二十六个人，因此可以把我和所有的东西装进去，我完成这个工程之后，对它非常满意……

339. 胡同里的妇女

进果子巷北口不远，往东抹一个小弯，就进了贾家胡同。刚好碰见一位四十多岁的中年妇女，急匆匆地也往里面走，便请问她知道林则徐故居在哪儿吗？她停下来，很疑惑地摇摇头说："我就住在贾家胡同，都四十多年了，没听说这儿有林则徐住过的地方呀？您再问问别人吧。"说着，我们一起往里走，她是位热心人，一路上碰见好几位遛弯儿的或是上厕所的老人，都帮我拦住人家问，都摇头。像是证实自己的印象确实没有错似的，她冲我说：您看是吧？都没听说过。您是不是记错地方了？我们正说得高兴，忽然一个人走近我的面前来，"嘿"的一声，吓我一跳，原来是施家的小哥，他也穿着月白竹布大褂。他很了不起地问我："英子，你爸妈在家吗？"我点点头。他朝门里走，我们也跟进去，问他什么事，他理也不理我们，我准知道他找爸妈有要紧的事。

340. 鲁提辖打架

扑的只一拳，正打在鼻子上，打得鲜血迸流，鼻子歪在半边，却便似开了个油酱铺，咸的、酸的、辣的，一发都滚出来。郑屠挣不起来，那把尖刀，也丢在一边，口里只叫："打得好！"鲁达骂道："直娘贼，还敢应口！"提起拳头来，就眼眶际眉梢只一拳，打得眼棱缝裂，乌珠迸出，也似开了个彩帛铺的，红的、黑的、绛的，都绽将出来。两边看的人，惧怕鲁提辖，谁敢向前来劝。郑屠当不过，讨饶。鲁达喝道："咄！你是个破落户，若是和俺硬到底，洒家倒饶了你；你如何对俺讨饶，洒家偏不饶你。"又只一拳，太阳上正着，却似做了一个全堂水陆的道场，磬儿、钹儿、铙儿一齐响。鲁达看时，只见郑屠挺在地下，口里只有出的气，没了入的气，动弹不得。鲁提辖假意道："你这厮诈死，洒家再打。"

341. 爸爸教我洗碗

那次妈妈病倒了，叫我把碗洗好。我发愁了心想：我从来只知道端碗吃饭，可从来没洗过碗，怎么能洗好呢？吃过饭后，我把碗端到厨房，不知下一步该怎么做。爸爸看见我愁眉苦脸的样子，就对我说："别担心，不会我教你。"

我鼓起勇气，下决心一定要完成任务。于是，我打了一盆水，然后把碗放进去。谁知弄来弄去，却怎么也洗不干净，摸起来总是黏糊糊的。爸爸过来摸了摸水，说："别费力气了，凉水是洗不掉油的，而且还得用洗涤灵才行。"我看着水盆，不好意思地笑了起来。然后，我赶紧换了一盆水。开始，我只用抹布在碗里转两圈就认为洗好了。爸爸又过来摸了摸碗说："不行，还有油，得用洗涤灵。"我不耐烦地

说："何必那么认真，马虎点得了，洗得再干净，晚上还得用呢！"爸爸用手点了我的额头说："小懒虫，一会儿你洗得我可不用。""那怎么办呢？""我教你吧！""好呀！"爸爸把碗浸在水里，用左手抓住碗，用右手拿住抹布，边洗边转。我按照爸爸所说的去做，果然把碗洗好了。"一个、俩个、三个……"一下子，所有的碗全被我搞定了！

342. 爱好艺术的先生

四川有个杜先生，爱好书法与绘画，他珍藏的书法绘画作品之多，要用百位数来计算。唐代名家画的《牛》，是他最喜爱的。他用锦绣做成套子，用美玉做画的卷轴，常常随身带着。有一天，在外面晾晒书画，被一牧童看到了。牧童拍手大笑说："牛斗架时，力量都集中在角上，尾巴夹在两条大腿中间。这一张画上的牛却摇着尾巴斗架，可笑啊！"杜先生笑了，认为牧童说得对。

343. 我和克莱谛

今天我和克莱谛吵架，并不是因为他得了奖，我嫉妒他。早晨，"小石匠"病了，老师叫我替他抄写每月故事，我正抄着，坐在旁边的克莱谛忽然碰了我的胳膊肘，把墨水滴到笔记本上，本子被弄脏了，字迹也看不清了。我火了，骂了他一句。

他只是微笑着说："我不是故意的。"我本来会相信他的，可是他的笑让我很不高兴。心想："哼，得了奖，有什么了不起！"于是我想报复他。过了一会儿，我也碰了他一下，把他的本子也弄脏了。

克莱谛气得脸都红了。"你这是故意的！"说着就举起手来。正好被老师看见了，克莱谛急忙缩回手去，说："我在外边等你！"

344. 发愁的作业

他满脸苦恼地望着作文本，突然感到气急攻心，恨不得立即将其大卸八块。他直勾勾地盯着他人的作文本，却也无可奈何。他刚要下笔，却又一时拿不定主意。好不容易写下了第一个字后，长长吁了一口气。可新麻烦又来了，接下来他又不知道怎么写。他气急败坏地撕下了那一页纸，很快又陷入到苦思冥想之中去了。下课铃响了起来，别人已经开开心心地交作业了，只见他面如死灰，作文本上还是未着一字。

345. 公园里的小女孩

公园内，一个穿着洁白小天鹅裙的女孩挣脱爸爸的手向前跑去。她停在一滩污水前，从水里捡出两角钱。污水湿了她的小手，污水脏了她的白裙。

"阿姨，阿姨，您的钱！"她叫着，几步跑到一位妇女身旁，仰起秀丽的小脸，甜甜地笑着。那妇女看了看那被污水浸湿了的两角票子，皱皱眉头说："不是我的！"扭头走开。

女孩愣在那儿，心中犯疑：明明看见钱是从那阿姨钱包里掉下来的嘛！小女孩抬起头又望了望那位妇女，可巧那位妇女回身瞥了她一眼。爸爸赶上来，打落女孩手中的钱，钱又飘进那滩污水。

346. 竞选的学生

这时，一阵热烈的掌声打断了他的思绪，他猛的一抬头，看见肖大名正从讲台上走下来。他立马又紧张起来。他的目光四处移动，似乎在搜寻什么，他是那么的不安，甚至不敢接触任何人的目光。然后他又把头低下去，好像怕被别人看见似的。他的十个手指头不停地搓来搓去，一会儿便被汗水打湿了，滑滑的。"怎么办呢，该不该上去呢?"唐明贼似的看看四周，比先前更紧张了，两腿在桌底下直发抖。"去，一定得上去，这是最后一个竞选项目了，为了以后同学们能对我另眼相看，我一定要竞选到这劳动委员。……可是……"唐明深深地咽下一口口水，头低得快贴到桌上了，呼吸更急促了。"李华一下来，我就上去……"他这么想。

347. 月色中的舞蹈

我抬头凝望着头顶的月亮，本以为一定会被乌云掩盖住的它，月色却越发皎洁，不知从何处来的风将那朵朵乌云吹散了，神圣温和的月光洒在被夜色笼罩的大地中。

很自然地，我踮起脚尖，双手轻轻摆荡，双脚如灌入了重重魔力般旋转着……在微凉的夜风中，我闭着眼睛，轻轻起舞……随着树叶迎风发出的沙沙声，手脚灵活地配着节奏，上演如精灵般的舞蹈。手微微抬起，越过头顶，仿若琉璃般的月华便在我的手间层层流荡。似乎，连月亮都开始伴我起舞。周围很静，很静，除了风的声音与树叶摩擦的声音以外，什么都听不见了。

此刻的我，犹如走进了透明的水晶球的小人儿，在幽闭的空间里悄然起舞。脚一边不断地旋转，一边慢慢地向前移动。随着我的一个纵身一跃，这次在月色中上演的舞蹈完美地画上了一个句点。

348. 冰场上的练习

冰上站立。站立时两刀用平刃支撑，两脚与肩同宽，两刀成外八

字站好，两臂自然下垂，重心放在两脚之间冰刀中部。冰上站立是下一步

教学的基础，只有站得稳，才能进行以后的熟悉冰性的教学步骤，同时也能加快教学进度；单腿蹬冰双脚滑行练习要想在冰上滑行，必须有初速度，初速度的获得是蹬冰的结果。

身体呈冰上基本姿势，重心放在左腿上，右脚用内刃蹬冰，将体重推送到向前滑行的左腿上，右脚蹬冰后迅速与左脚拢成两脚平刃滑进，借助惯性使身体向前滑行。当速度下降时，接着用左脚内刃蹬冰，之后与右腿并拢成两平刃滑进。

双脚滑行单脚支撑在双滑行的基础上，可将两脚左右分开大一些，在惯性滑行时，重心放在一只脚上用平刃滑行，另一只脚在体侧帮助扶持，体会单脚支撑时的身体感觉。

349. 围巾下的老妇人

这时候，一个披着黑色大围巾的高身材的老妇人走近来了。她默默地走过那些红军身边，在坟旁跪下，从黑色的大围巾底下取出又一支蜡烛来。这一只和坟上的快点完的那一支一模一样，显然是一对。

老妇人蹲下身去拾起那蜡烛头，把那新的一支点着，插在那老地方。她站起来的时候，行动很困难，离她最近的红军士兵小心地把她扶了起来。即使在这个当儿，老妇人也没有说话，她不过抬起眼睛来，朝这些脱了帽的肃立着的人们看了一眼，十分庄严地对他们深深一鞠躬然后，把她的黑色大围巾拉直了，颤巍巍地走了。没有再回过头来，看一下那蜡烛和那些士兵。

350. 门铃

还没有坐稳，门铃又响了。我不由暗暗咒骂，早不来，晚不来，偏偏在我想静一静的时候来了。猛地打开门，天啊！还是妈妈！我气呼呼地说："你又忘了带什么了？"妈妈见我这模样，笑容竟然一点也没有褪去，她用手摸了摸我的脸，说："我这粗心的毛病就是改不了。"说完，她利索地把我领进厨房，说："明天中考，我为你准备了一些点心，晚上别忘了吃一点！"说完又从厨柜里取出早已准备好的牛奶和面包，说是明天的早点，接着又急冲冲地跑进书房，原来妈妈还为我准备好了考试用的文具。

351. 考砸的成绩

第一节课过后，老师把小明叫到了办公室。小明的脸红的有些发烫，一直紧皱着眉，低着头不敢注视老师，双手还不时的捏着衣角。老师问到："这次的成绩怎么考砸了啊？"小明没有说话，也没敢抬头，只是双手紧紧拿着老师递过来的卷子，手有些微微发抖，手心里还冒着冷汗。面对老师的批评，小明只好保持沉默。

352. 贪婪的人

老头身子一纵，扑上梳妆匣，好似一头老虎扑上一个睡着的婴儿。

"什么东西？"他拿着宝匣往窗前走去，"噢，是真金！金子！"他连声叫嚷……

353. 英语试卷

"发试卷了!"随着英语课代表一声喊,正在教室外活动的同学们纷纷跑回教室。一个个名字报出来,课代表手中的试卷也渐渐少了下去。教室里开始逐渐沸腾进来。"哇噻,满分,太好了!"考得好的同学情不自禁地大叫起来。有的同学看了分数满脸笑容,如释重负地吁了口气;有的一脸沮丧,抓住试卷坐在座位上默默地发呆;有的埋头仔细看着,似乎不相信自己的眼睛;有的似乎怀疑老师将分算错了,翻着卷子,叽叽咕咕地算着分;还有几个同学当时就趴在桌上小声地哭起来……

354. 颤抖的存款单

张老汉衔着烟斗,乐呵呵地接过存款单,眼睛不由地眯成一条缝。他用颤抖的手捧着存款单,端详着,微微点了几下头,然后小心翼翼地揣进怀里,迈步走出了信用社。刚走不远又把存款单掏出来瞧瞧,生怕它长了翅膀飞了似的。这样反复了几次,他才将存款单塞进了怀里,扣紧了扣子,倒背着手大步地走了……

355. 学滑滑板车

滑板车全身呈黄色,上面刻着白雪公主的精美图案。我见了,喜欢得爱不释手。开始滑了,我不管三七二十一便迫不及待地踩了上去,谁知,一下子摔了个四脚朝天,"疼,疼!"我哽咽着,一边捂着左边大腿,一边赖在地上不肯起来。妈妈见我受伤了,心疼极了,连忙用手帕包好我的伤口。

虽然包扎过后伤口还是很疼，但是对于滑板车的强烈好奇心促使我又跟着爸爸开始学习滑滑板车了。爸爸扶着我，我慢慢开始滑行。左脚微微弯曲，右脚直着踩在滑板上，左脚一蹬一滑，滑板车渐渐稳稳朝前行了。最后，甚至都不用爸爸扶了。

因为我是新手，没什么经验，我的左脚和右脚总是不能协调，两脚前后扭动，滑行起来，就跟个小鸭子似的。爸爸妈妈看着我滑稽的样子，笑得前仰后合，时不时地还提醒我道："你的左脚和右脚要协调的呀！"话音刚落，又开始欢笑起来……慢慢地，我掌握了正确要领，发现要先左脚踩，右脚再上，才能滑得又快又好。爸爸妈妈见了，都直拍手叫好。

356. 雨中等车

雨越下越大，等车的人也越来越多。好不容易又等来一辆公交车，我正准备使出吃奶的劲儿往上挤，突然听见远处有人喊我的名字，扭头一看，是我们的张校长。他用自行车驮着女儿回家，正好路过这里，见我们挤车很危险，他急忙把女儿抱下来，把自行车扔下，匆匆跑过来。他一边扶我们上车，一边说："大家不要挤，注意安全。"因为人挤路滑，我上车时，差点摔倒。一双有力的大手托住了我。我回头看看张校长，只见他雨衣上的帽子被挤掉了...

357. 可怕的考试

可怕的英语考试开始了，平时上英语课挺"潇洒"的我，一时毛了手脚，这时突然想起了救命稻草——英语课本。但此时，严肃的"老英"的两只眼正像激光似地在教室内扫射呢！我的心怦怦直跳。"唉，舍不得孩子，套不住狼！"我一咬牙，慢慢地将英语课本从课桌里拖了出来。"某某，干什么?!"只听"老英"一声断喝，我羞得差点钻到老鼠洞里去。

358. 有意思的游戏

游戏开始了，只见老鹰眼露凶光，张开血盆大口，伸出锋利的爪子，展开巨大的翅膀，扑向小鸡。它一会儿串到东，一会儿串到西，恨不得一把抓住一只小鸡，啊！多么可怕！鸡妈妈奋力保护着小鸡，它眼睛紧紧盯住老鹰，张开双翅就像一堵墙挡住了老鹰的进攻，老鹰扑向哪儿，鸡妈妈就挡到哪儿。小鸡们看到老鹰扑过来，躲的躲，喊的喊，"哇哇"地尖叫着，吓得惊慌失措。不得了！一只小鸡跑丢了，老鹰乘虚而入，抓住了这只小鸡……

359. 斗蟋蟀

王老师看了看对方的蟋蟀，然后上楼拿来一个精致的蓝花小罐，右手拎着笔洗蟋蟀罐，他把笔洗罐放在地上，把自己的蟋蟀先放在了罐里，他放的是一只黑珍珠。

那黑珍珠黑亮黑亮的，看着就厉害。养起来的肚子，擦着地皮走，两条大腿蹬着地皮非常有力，两条又黑又长的须子上下摆动着，等待着对方的到来。对方把蟋蟀往罐里一放，两只蟋蟀就掐在了一起。黑珍珠的大牙使劲咬着对方的下巴往前推，对方往后退。没坚持几秒钟，对方的蟋蟀就被铲出了大罐。

围观的人的脑袋都凑到了一起了，眼睛紧紧地盯着罐里的蟋蟀。两只蟋蟀在罐里决斗，就像古罗马大斗技场上的两个勇士。人们的眼睛都看呆了。对方把铲出罐外的蟋蟀逮住，在手里掐了三下，罚了罚，又放在了罐里。黑珍珠这次一下咬住了对手的一只大腿，对手往前跑，黑珍珠咬住不放，结果，对手的一条大腿被黑珍珠咬了下来。剩下一条腿的对手，擦着罐边跑。黑珍珠打开响翅嘎嘎嘎地唱着胜利的凯歌。

360. 田里的蟋蟀

暑假的一天傍晚，我和好朋友向和义、田灿去百步梯玩。忽然，听见一阵蟋蟀的叫声，我说："我们来捉蟋蟀吧！"他们异口同声地说："好哇。"我们各自找来一个装蟋蟀的瓶子，分头去抓蟋蟀。

我来到草丛边，发现一只蟋蟀趴在石头上，一动不动，似乎在观察周围的动静。我屏住呼吸，轻手轻脚地走过去，伸出右手一捂，一下子就抓住了那只蟋蟀。嗬，好大一只蟋蟀，真像一位威武的大将军。我将大将军放进瓶子里，又开始寻找下一个目标。忽然，我眼前一亮，一只蟋蟀趴在梯台上，挥舞着一对触角，样子十分悠闲。我蹲下来，伸出双手，正准备去抓它。向和义伸手拦住我，轻声说："你已经有了一只，这只就让给我吧。"我说："好吧。"向和义伸手一下就抓住了那只蟋蟀。这时田灿也抓住了一只。

我见大家都抓住了蟋蟀，提议说："咱们来都斗蟋蟀把。"两人都很赞同，我捡了些石子围成圆圈，当作阵地。先把我的蟋蟀放进里面说："谁先来？"田灿自告奋勇地说："我来。"

两只蟋蟀战斗起来，田灿的蟋蟀个头小连连败退，没几个回合就败下阵来。向和义说"现在该我了。"他的蟋蟀一跳进圈子两个家伙就打了起来。他的蟋蟀十分勇猛，连连向"大将军"进攻，这家伙想速战速决，我的"大将军"威风凛凛，应对自如。两只蟋蟀打了几十个回合也未分胜负，我们只好把它们分开。哈哈哈，蟋蟀真有意思！

361. 纸飞机

上课铃响了，教室里仍然是一片吵闹声。老师还没有来，同学们已经玩得不亦乐乎了。最调皮的要数小澄了，他把上节课刚发下来的不及格的试卷叠成了纸飞机，纸飞机在教室里飞了一圈又一圈，一不小心还掉进了金鱼缸里。

362. 嘈杂的教室

小安拿出蛋糕准备吃早餐，还是小熙的动作快，一把抢过了小安手里的蛋糕。他把蛋糕当成篮球，传给一个又一个人，蛋糕飞过的地方都充满了淡淡地香味。"小心！"没等阿帆反应过来，蛋糕已经毫不留情的打在她的脸上了，顿时她的脸变成了"花猫脸"。"哈哈……"班里爆发出的笑声让她伤心地哭了起来。

"都别吵了，我去找老师！"说话的是班长，他尽力大声喊着，可是乱成一片的教室哪里还听得见他的声音？这时又开始了"书本大战"，噼里啪啦，书本落地的声音大得仿佛整个世界都能听见。

说话声，吵闹声，哭声，笑声，融为一体，仿佛是安静的校园里一曲不和谐的乐章。就在这时，教室的门突然被推开了，班主任走了进来。"老师……"只听"砰"的一声，一本厚厚的词典不偏不斜的打在老师身上。同学们安静下来，目光齐刷刷的盯着老师，老师并没有发火，而是平静地说："同学们，现在我们开始上课，把语文书翻到第7页。""唉……"教室里又传出稀落的翻书声。

363. 拿叉子的手

当她拿叉子的时候，抖得那么厉害，那叉子竟掉了下来。她饿到了这地步，她的头竟像老人一般颤巍巍的。结果她只好用手指头拿菜吃。当她把一块马铃薯塞在嘴里的时候，她忽然哽咽地哭起来。两行眼泪从两腮上流下来，直流在面包上。她始终只管吃，拼命地吞着那浸透了眼泪的面包，同时她喘得很厉害，她的下巴还抽动着。顾虑迫使她喝酒，好教她不至于噎着，然而那酒杯碰着她的牙齿却发出嘚嘚的声音。

364. 课间十分钟

教室外，走廊上，最引人注目的无疑就是那些踢毽子的同学。我可真佩服他们，居然能如此控制又小又轻的毽子。只见踢毽者一脸严肃的样子，神情紧张，两只眼睛睁得大大的，目不转睛地盯着眼前那个听话的毽球。

两只手则非常自然地下垂，好像是闲着，但其实是在维持身体平衡。而踢毽者的脚可以说是最勤快的了，只见他们迅速得做着很有规律的动作：盘腿——伸直——盘腿——伸直……而毽子就好似一名训练有素的运动员，借助踢毽者娴熟的脚下功夫，在两腿间跳着优美的华尔兹……当然，除了踢毽子的人，在一旁观看的同学也不少。只见他们一个个都全神贯注，都注视着那只上下翻飞的毽子，他们表现得比当时踢毽的同学更加紧张。这几位同学两手紧握住对方，嘴里还不停地在喊：10，11，12，13……每踢一个，边上的人就呐喊一次，这项运动似乎让在场的每个人的每个细胞都灌满了活力，使短短的课间10分钟的每一秒都让人兴奋不已。

365. 杂技顶碗

在轻松优雅的乐曲声里，只见他头上顶着高高的一摞金边红花白瓷碗，柔软而又自然地舒展着肢体，做出各种各样令人惊羡的动作，忽而卧倒，忽而跃起……碗，在他的头顶上摇摇晃晃，却总是不掉下来。

366. 罚款名单

"叮……"放学的铃声响了，又到纪律干部小B公布罚款名单的时候了，顿时，如往常一样，像锅里开了的水沸腾起来。"什么，我下午才迟到两秒钟，这也算?"小A一见自己"榜上有名"脸一黑，嗓子大了起来。"哇! 我更倒霉，被罚一角! 我自修时是讨论问题，这也有错?!"小C不服气地一拍桌子跳了起来。"你影响了别人学习，就该罚!"文静的小D敬道。"罚、罚，财迷心窍，好，给你!"一只一角纸币折成的"飞机"飞向讲台。"呼! 呼!"几枚五分硬币打在黑板上:"拿去吧，大款!""你们太不象话了! 自己迟到、违纪还挖苦、打击小B同学。走，找班主任评理去!"班长小E忍无可忍，拍案而起，一听此言，那些"榜上有名"者自知理亏，立即噤若寒蝉，随后一哄而散。其他同学也散去了。课室里只剩下含着泪花，低头沉思的小B同学。

367. 威风的中国队

"王励勤，加油! 中国队，雄起!"随着观众此起彼伏的呐喊声，中国对韩国的世界杯乒乓赛决赛被王励勤与韩国柳承敏的几个大力远拉推向高潮，场内翻滚着一股热浪，坐在电视机前的我们，也目不转睛地看着电视，我、爸爸、哥哥戴着头巾，挥舞着乒乓拍，用力捶着茶几当起场外拉拉队来。王励勤又胜一局，在加油声中一路高歌，这时，对方柳承敏奋起反击，几个短摆，直线，反手对拉，利用王励勤侧身过多，迎头赶上，观众的欢呼声更响亮了，震耳欲聋，把电视机前的观众的心深深地震撼了。我们一家也急得直跺脚，索性脱掉衣服在此挥舞，终于，王励勤不负众望，在掌声与欢呼中尽显他的王者风范，一声大叫，一个手势，又使他崛起赢得了比赛，我们也抑制不住兴奋之情，相互拥抱起来。

368. 体会劳动

瞧，用车推煤的王钢同学，干起活来不怕累。只见他后腿向后猛蹬，身子向前倾，推着小车运了一趟又一趟。他把煤车推进煤棚里，嘴里喊着："一、二、三！"用尽力气把煤车向上一翻，顿时煤末飞扬。虽然他的衣服上、脸上沾满煤末变成了黑色，可他连擦也不擦，又推着煤车奔向校门口。张艳同学干活又踏实又仔细。她跟铲煤的同学说："来，给我多装点！"说完提起装得满当当的煤桶，左摇右晃，大步地向前走去。当她看见掉在地上的煤块时，总要停下脚步，拣起来放进自己的桶里。韩伟同学干活最细心。他巡视在煤堆旁，挥动着手里的大笤帚，唰唰地把四周的煤末扫成一小堆，又用铁铲撮进煤筐里。他还打趣地说："别小看这堆煤末，也能发光发热呀！"我默默地点点头，心想：是啊，我们每个参加劳动的同学，不是正在用冲天的干劲，发出自己的光和热吗？

369. 名画

　　杜先生拿着一幅刚刚搞到的"名画"，怡然自得地跨进了书房。他顾不得换去淋湿的衣服，急不可待地取出一个锦绣画套，小心翼翼地装好，端详着，摩挲着。"总算弄到这幅仰慕已久的唐人《牛》画了，这可是罕见的名画呀！"想到这里，他兴奋、陶醉，竟哼起儿时的放牛歌来了。数日后，阳光明媚。"何不把画晾出去，免得发霉、生虫。"一边想一边麻利地将画晾晒在屋前的场子里。那幅《牛》画自然居中，两旁是蜂蝶飞舞的其他藏画，蜂蝶真的来寻伙伴了，过路人也不禁驻足观赏，啧啧称赞，牧童也来了。这时，杜先生笑吟吟地看着牧童，心想，"我这头'牛'可比你的牛雄健、俊美多了。""咯咯咯"，牧童拍手大笑……听完牧童的话，杜先生赞同地点点头并露出尴尬的笑容，随后神情严肃，"我怎么从小到大都没有发现牛斗架时的特征呢？"他若有所思地收起了这幅曾令他魂牵梦绕的"牛"画。

第三章

行动写作好句

1. 连续动作

他略一扫视，带着余喘就哇啦啦讲课了。

王刚急得东追两步，西抓两把，一张纸屑也没逮着。

李明跑过来，眉头一皱，毫不犹豫地脱下自己的白衬衫，盖住。

我和韩冬一人拉住线绳一头，用白粉笔在上边使劲蹭了几下。

只见他矫健的身影箭似的穿过来，闪过拦截的对方队员，猛地起脚劲，进了！

同学的眼睛都盯着运动员手里的球，球在飞动，大家的眼珠也在不停地转动。

他爬上梯子，小心翼翼地从浓密的桃叶中把硕大的桃子摘下来。

我三步并作两步地跑了过去，像一只松鼠一样抱着树干，爬了上去。

同学们拎着水桶，拿着抹布，一会儿擦交通岗台，一会儿又擦护街栏杆，干得热火朝天。肩压痛了，腰压弯了，腿也麻了，可他硬挺着也不放下担子。

刚一站起来，两脚便不由自主地向前滑动，我慌得身体前俯后仰

不已。

两人几乎同时撞线，如一阵疾风一样，裁判员惊讶得发呆，过了一会儿才醒悟过来。

还边吃边用筷子指着海椒，示意我也吃。

我习惯地拿了书和笔，搬着小凳伏在父亲的膝上做作业。

他便低下头，眼睛随着我的笔慢慢地移动。

说着，爸爸已跑进屋来，雨水从他的头发上、衣服上一滴滴地直往下流。

透过泪雾，我依稀看见妈妈的眼里闪着晶莹的泪花。

我默默地向妈妈走去，接过她手中的行李，妈妈没有拒绝，只是万般怜爱地抚摸着我的头。

爸爸一声令下，全家人马上拿起棍子到自己的岗位，摆好姿势。我看到一个黑色的影子，便使出全身吃奶的力气，挥棒打去……

过了一会儿，爸爸突然发现桌子上有一块很大的布，就赶忙拿起来，飞快地冲入雨中，把布盖在树根上。

爸爸生气极了，随手抄起一根棍子，把我打了一顿。

弟弟有些坐不住啦，一会儿抓抓头，一会儿挠挠腮，眼睛瞪得铜铃大。

妈妈上班去了，照例把房门锁上。做了作业后，想出去，一推，门纹丝不动。

望着窗外明媚的阳光，看着堆成山的玩具、练习册、课外书，一时性起，把它们统统摔在地上，扯直了嗓子，大喊起来。

巷里街友破门而入，妈妈却将笤帚塞进爸爸手里，几下弄乱了头发："你打，你打!"

我们先做素色拉，把莴苣洗干净切成小块，黄瓜也切成小块，切西红柿时，汁水一下喷了我一身。然后做汤，先把水烧开，然后放入佐料。

我吃着吃着，肚子不知不觉地胀了，剩下了半碗饭，我偷偷地往外倒。

刚盛上的饺子热气腾腾，盘子烫得厉害，我只好轮番翘动手指，嘴还不住地吹气，手里疼得钻心，差一点把盘子扔了。

妈妈几乎气疯了，流着泪风似地扑上去，顺手抓起笤帚在爸爸身上打。

一进家门就闻到一股香味，我兴冲冲跑进厨房，盛了满满的一碗饭，甜滋滋地吃起来。

　　我拿出几个苹果逗灿灿，她一见，就气势汹汹上来抢，我左闪右躲不给她，她就好哥哥地叫，然后扑地跪在我面前，逗得我大笑起来，她却乘机从我手中抢去了苹果。

　　我在一旁幸灾乐祸："爸，你再厉害些，把他'司令'的脑壳也敲下来。"弟弟抬头狠狠地瞪了我一眼，目光中有愤恨，有焦急，好像还有点哀求。

　　第一次送牛奶和报纸可不能迟到，我骑上自行车，飞似地向东京堂奔去。

　　大家的目光都集中在这对新人身上，新娘羞答答地低着头，两手不停地扯弄衣角；新郎却满面春风，嘴角露出得意的微笑……

　　此时，"三只手"还在横眉立目地瞪着无言以对的小男孩，我再也忍不住了，冲着他大喊："他偷的东西，我看见了"，"三只手"立刻朝我射来两道狰狞的目光。

　　却听梆子再响，小青左右各有一枝短樱枪飞来，只见她拧身旋动，双脚各分一枝。小青如一条青色鲤鱼在水波中跳跃，红雨不能沾身一滴儿。

　　"铃铃铃……铃铃铃……"一阵闹钟的声音，我猛地睁开眼睛，飞快地翻身起床、换衣服、洗脸。

　　终点站到了，我急切地寻找那位小姑娘，刹那间，我像触了电一样，浑身一震，呆呆地愣住了，那小姑娘正一摇一拐地走着。

旁边也是一家商店，柜台里站着一个女孩，她看了看我，微微侧着头，温和地笑着："你进来避雨吧！"

看着天空中悠悠的白云，聆听阵阵的蝉鸣，心中有说不出的愉悦。

我迫不及待地坐在树荫下，脱了鞋子，双脚伸入水中，双手不停地将溪水泼在大腿和手臂上。

山叔听着大伯的责骂，脸刷地红到了耳根，他蹲下身，不声不响地把掺进去的坏蛋一个一个捡了出来。

只见那边跑来一位老人，原来是马大爷，他边跑边喊："乡亲们，不要抢。"

我把外衣脱了还热，二叔那装着鸡蛋的担子在肩上换来换去，汗一个劲往下淌，爷爷则不住地用搭在肩上的毛巾擦汗、扇风。

突然一只雪球从右前方向我飞来，说时迟，那时快，我猛地卧倒在雪地，雪球擦过右肩，在离我不远的地上"啪"地粉碎了。

我为了躲避横飞的雪球，笑着平卧在雪里，又打了个滚儿，身上就披了一件"雪衣"。

小姑娘一会儿用画笔顶着下巴想一想，一会儿又抿着嘴画几笔，真像一个进入创作意境的小画家。

校园里一片欢声笑语，同学们在相互追逐着、玩耍着，有的在爬竿，有的在跳远，还有的打羽毛球，只有女同学三五成群地跳橡皮筋，并且轻快地哼着歌曲。

妍妍把毽子轻轻地往空中一扔，等毽子落到离地面半米多高时，她才抬起脚踢了起来。

我就悄悄地走到奶奶背后，叫了一声"哎呀"一屁股坐在地上，奶奶连忙放下篮子来扶我。

一个个小手冻麻了，冻红了，可谁也不叫冷，只是互相笑一笑，搓搓手，再呵呵热气，又喊着笑着，热火朝天地玩起自己的游戏来。

一群群孩子，在雪地做雪人，掷雪球，那欢乐的叫喊声、喧闹声，把树枝上的雪都震落下来。

一张张活泼的儿童的笑脸，像春天里娇艳的鲜花在开放。

莹莹一弯腰，一伸腿，毽子像被磁铁吸住一样，稳稳地落在了她的脚面上。

他半张着嘴，微微探着身子，目不转睛地看着我手中的马靴。

他仿佛真的被吓住了，嘴巴张得好大，眉头也皱起来，并且还不住地咂嘴，然后就急匆匆地走了。

可我那几乎冻僵的脑袋却只能以脖子为主轴，生硬地扭动几下，仿佛是波浪鼓的鼓头儿。

她很激动，嘴唇有点颤抖，想说什么，可又咽了下去。

只见他半闭着眼睛，干枯的手指有节奏地敲着桌面，跟着，摇晃的头就慢慢地向后拗过去……

我睁大着双眼，脑袋瓜像个拨浪鼓，来回地转，真恨不得把这一切都印在脑子里，刻在心上。

中午由于下雪，我不能回家吃饭了。正当我要写作业的时候，突然一个香喷喷的包子塞到了我的嘴里，我回头一看是小明正调皮地眨着眼看着我。

鼓手把奔放激越的豪情，完全抒发在那欢快跳跃的鼓点之中了。

毽子调皮地向右边飞去，眼看就要着地了，就在这千钧一发的时刻，绢绢机灵地向右边一弯腰一伸腿，毽子就像被磁铁吸住了似的，又让她给控制住了。

毽子好像有一根弹簧绳拴在佳佳脚上似的，不停地在她脚跳上跳下。

毽子忽左忽右忽上忽下，在姗姗的身前身后蹦来蹦去，姗姗时而转向这边，时而转向那边，紧紧地跟着毽子，眼睛始终随着毽子灵活地转动着。

她的脸好象绽开的白兰花，笑意写在她的脸上，溢着满足的愉悦。

她夹上书本，朝我莞尔一笑，脚步匆匆地走了。

她听到这儿，噗哧一声笑了，就像石子投进池水里，脸上漾着欢乐的波纹。

她一跳起皮筋来，就像疯了似的。只见她愈跳愈快，愈跳愈高，时而劈腿，时而倒踢，五花八门，恰如一只蹦蹦跳跳的小猴，使你眼花缭乱。

宁佳音跑到跳高架的横杆前，右脚踏地，双臂猛摆，身体就像小燕子一样飞过了横杆。

他趁小丽不注意，偷偷把她的凳子抽了出来，然后幸灾乐祸地等着瞧热闹。

他双手捧着气球，腮帮子一会儿鼓起来，像扣上去半个皮球，一会儿瘪下去，像塌下去的深坑，眼睛睁得滚圆，像要裂开似的。

他愉快的笑了，脸上的皱纹宛如一朵盛开的金菊。

踢毽子的女同学手脚轻快，小毽子上下飞舞，就像有一只只小燕子在脚上飞去又飞回。

听着女儿的叙述，母亲的嘴巴像敲开木鱼般地笑开了。

他等老板，老板娘和几个伙计到教堂做礼拜去了，就从老板的立柜里拿出一小瓶墨水，一支笔尖生了锈的钢笔，摸平一张揉皱了的白纸，写起信来。

2．单一动作

王刚好不容易把一些纸屑扫到一块，一阵风刮过，纸屑又被刮得满天飞。

我趁老师在黑板上写字的时候，"咚咚咚"地敲起桌子来。

我一听，火冒三丈——上去就是一拳。

天冷了，许多同学围上围巾还是觉得冷。

我点了点头，像个小地鼠似的钻进了西瓜地。

我摇摇摆摆地走着，只觉两腿发软，气也喘不匀了。

他用流利的英语念着，声音那么纯正，那么入耳，大家听得入迷似的。

我很快地做完了前几道题，最后一道大题碰了钉子。

爸爸用他那粗大的手小心地替我整理卷着的书角。

妈妈从阳台慢慢地走进屋来，说话声中有点酸楚，眼睛静静地凝视着我，里面盛满了无限的眷恋。

有一次，我穿了一件崭新的棉罩衫钻铁丝网，剐了一个很长的口子。

我当时却不知这会给他带来一点安慰——我的学习便是他当时惟一的希望所在。

我紧盯着棋盘，恨不得这回有个"炸弹"，能把爸爸手下大大小小的"兵"全给炸死。

此时，我们趴在台边一动不动，鼻涕流多长也顾不上抹一把。

一个个白球儿连成一条弧线，交错相连，像一颗颗闪光的球。

中午我又跑去池塘边，呀，发现睡莲的花瓣全都开放了，真美丽啊！

我们用纸折了两只小船，放到盛满水的脚盆里，用嘴去吹，看谁的小船儿先到脚盆那边。

列车员猫着腰，把扫帚伸到旅客的脚下，沙沙地扫得又快又仔细，角角落落都扫遍了。

医生让我躺在椅子上，我爬上爬下，东摸摸，西瞧瞧，觉得新鲜极了。

我们穿过一块稻田，忽然看见一条蛇从稻田里钻出来，我吓坏了，转身就跑。

我们走进养猪场，小猪们挤来挤去，抢奶吃，真好玩。

爷爷拿着鱼叉，沿着鱼塘慢慢地走着。

我把雨伞轻轻一转，雨水都向四面飞溅。

早晨，我把一个挖了眼的葫芦，挂在海棠树上。

我不小心一松手，让鸟儿飞了。

老师笑着对我点了点头，我真高兴。

我看见一块桔子皮，捡起来放在垃圾箱里。。

爸爸躺在病床上，满头包着纱布。

妈妈咬紧牙关，一言不发，默默地看着我。

我不能说什么了，只能低着头，沉默地跟着人群向荒野走去。

我俩依依不舍地目光相遇在一起，不知有多少话要说，但终于谁也没有开口。

我低着头，咬着唇，委屈的泪水几乎要夺眶而出。

他微微颤了几下，慢慢地睁开了两只浑浊的眼睛，长长地打了个哈欠。

他唰的一下涨红了脸，哑口无言地低下头。

她微笑着，嗓音清脆声音很甜很美，比黄莺的歌声还动听。

妈妈来到我的房间，我勉强抬起头，但一看见她那异常严峻的目光，又赶紧低下了头。

小刚看着爸爸倒剪着双臂，在室内来回走着，那焦虑的神情分明在思考着一个重大问题。

他正在掩卷沉思，仿佛遇到了什么难题在思考，就连我的喊声都没听见。

有几次搞击鼓传花，她接到花手帕，像拿到火团似的，急着往别人手上传。

枝头上的小鸟吱吱喳喳地唱起歌，好像也来参加我们的联欢会。

他叹了一口气，跪在作台前边，把那张纸铺在作台上。

凡卡叹了口气，蘸了蘸笔尖，接着写下去。

凡卡撇撇嘴，拿脏手背揉揉眼睛，抽噎了一下。

凡卡伤心地叹口气，又呆呆的望向窗口。

凡卡把那张写满字的纸折成四折，装进一个信封里，那个信封是前一天晚上花一个戈比买的。

他想了想，蘸一蘸墨水。

他很满意没人打搅他写信，就戴上帽子，连破皮袄都没披，只穿着衬衫，跑到街上去了……

凡卡跑到第一个邮筒那儿，把它那宝贵的信塞了进去。

第四章

行动写作好词

1. 行为

机警　灵敏　敏锐　灵巧　敏捷　无微不至　关怀备至　情同手足
亲密无间　生离死别　情意缠绵　问寒问暖　齐心协力　良师益友
情深似海　助人为乐　舍己救人　同病相怜　同舟共济　勾心斗角
体贴入微　取长补短　尊老爱幼　光明正大　心慈面善　大发慈悲
菩萨心肠　于心不忍　与人为善　慈眉善目　誓死如归　万死不辞
宁死不屈　表里一致　谦虚谨慎　忠贞不渝　信守诺言　忠心耿耿
言而有信　忠厚老诚　循规蹈矩　虚怀若谷　不耻下问　规规矩矩
耳听八方　能言善辩　表里如一　心口如一　心灵手巧　足智多谋
秀外慧中　料事如神　明察秋毫　独具慧眼　胆大包天　披星戴月
任劳任怨　大智若愚　孜孜不倦　夜以继日　争分夺秒　吃苦耐劳
一身是胆　斩钉截铁　群威群胆　废寝忘食　赴汤蹈火　奋不顾身
宁死不屈　坚韧不拔　坚定不移　不屈不挠　鞠躬尽瘁　忧国忘家
吃苦在前　享乐在后　光明磊落　克己奉公　舍己为人　肝胆相照
大公无私　先人后己

2. 动作

仰首　扫视　鬼脸　斜眼　抿嘴　扭转　苍白　凝视翘首　聆听　倾
听　静听　伸颈　举首　摇晃　鸟瞰瞭望　瞻仰　环顾　漠视　观望
凝望　遥望　窥视恭听　努嘴　望穿秋水　缄口不语　咬牙切齿
撇嘴冷笑　嘴巴一撇　掩口而笑　翘首远望　咄咄逼人　不屑一顾

狼吞虎咽　唾沫横飞　侧目而视　双目圆睁　触目惊心　众目睽睽
举目远眺　虎视眈眈　低头沉吟　昂首阔步　抱头鼠窜　点头赞许
摇头慨叹　俯首贴耳　万头攒动　洗耳恭听　耳濡目染　亲聆教诲
抓耳挠腮　左顾右盼　目光炯炯　喜上眉梢　布满血丝　横眉立目
步伐整齐　一溜烟　灵巧轻快　凌空而起　风吹不摇　龙腾虎跃
雄鹰展翅　连蹦带跳　雷打不动　岿然不动　纵身一跳　风驰电掣
抡斧劈柴　紧追不舍　跋山涉水　脚步沉稳　一颠一跛　望而却步
疾步如飞　步履蹒跚　捶胸顿足　招手致意　携手并进　扶老携幼
拂袖而去　手脚勤快

3. 跑

小跑　慢跑　飞跑　飞奔　飞越　扭头就跑　拔腿就跑　连蹦带跳
东奔西窜　横冲直撞　跑得上气不接下气　跑得比兔子还快　飞似
得跑

4. 看

瞧　瞅　过目　注视　端详　凝视　仰视　俯瞰　远眺　瞭望　张望
回顾　环视　扫视　窥视　怒视　浏览　审视　洞察　打量　巡视
目击　目睹　会见　召见
定睛一看　目不转睛　凝神注视　怒目而视　左顾右盼　东张西望
挤眉弄眼　瞻前顾后　举目远望　极目瞭望　尽收眼底　察言观色
刮目相看　面面相觑　虎视眈眈　走马看花

5．听

倾听　聆听　窃听　旁听　听候　　侧耳细听　听得入迷　听信谣言
百听不厌　道听途说　充耳不闻　当作耳边风　左耳进，右耳出

6．想

猜想　推想　设想　回想　空想　梦想　联想　遐想　妄想　思念
思绪　思考　思索　思慕　寻思　考虑　揣测　惦念　挂念　牵挂
心潮起伏　思潮澎湃　思绪万千　思绪纷繁　浮想联翩　思前想后
心往神驰　想方设法　绞尽脑汁　冥思苦想　三思而行　牵肠挂肚
挖空心思　异想天开　想入非非　胡思乱想　痴心妄想　不假思索

7．哭

啜泣　抽泣　呜咽　哀号　号哭　痛哭　潸然泪下　泪流满面　放声
痛哭　失声痛哭　痛哭流涕　声泪俱下　哭哭啼啼　泣不成声　哭爹
叫娘　捶胸顿足　号啕大哭　抱头痛哭　老泪纵横　哭声震天

8. 笑

微笑　大笑　欢笑　嬉笑　狂笑　嗤笑　憨笑　傻笑　哄笑　苦笑
干笑　阴笑　狞笑　奸笑　嘲笑　冷笑　讥笑　耻笑
笑眯眯　笑嘻嘻　笑盈盈　笑哈哈　笑吟吟　点头微笑　抿着嘴笑
淡然一笑　吃吃得笑　咧着嘴笑　呵呵大笑　放声大笑　仰天大笑
捧腹大笑　哄堂大笑　嫣然一笑　一颦一笑　似笑非笑　笑不露齿
笑里藏刀　破涕为笑　笑容可掬　眉开眼笑　皮笑肉不

9. 成语

健步如飞　扭头就跑　定睛一看　侧耳细听　冥思苦想　步履矫健
拔腿就跑　目不转睛　听得入迷　挖空心思　大步流星　连蹦带跳
凝神注视　道听途说　飞檐走壁　东奔西窜　怒目而视　大摇大摆
横冲直撞　左顾右盼　步履艰难　飞似得跑　东张西望　一瘸一拐
奔走如飞　挤眉弄眼　匍匐前进　上窜下跳　瞻前顾后　蹑手蹑脚
举目远望　步履轻盈　极目瞭望　走马看花　虎视眈眈　眼明手快
眼疾手快　风驰电掣　电光石火　眼明手捷　雷厉风行　流星赶月
星驰电走　弩箭离弦　动如脱兔　放声痛哭　失声痛哭　痛哭流涕
声泪俱下　哭哭啼啼　泣不成声　哭爹叫娘　捶胸顿足　号啕大哭
抱头痛哭　点头微笑　抿着嘴笑　淡然一笑　手舞足蹈　大快朵颐
张牙舞爪　抓耳挠腮　面面相觑　嬉皮笑脸　口若悬河　对答如流
滔滔不绝　谈笑风生　高谈阔论　豪言壮语　夸夸其谈　花言巧语

忐忑不安	心惊肉跳	心神不定	心猿意马	心慌意乱	七上八下
心急如焚	发奋图强	废寝忘食	闻鸡起舞	全力以赴	力争上游
披荆斩棘	顶天立地	奋不顾身	舍己为人	坚强不屈	贪生怕死
厚颜无耻	眉飞色舞	昂首挺胸	惊慌失措	垂头丧气	没精打采
愁眉苦脸	大惊失色	炯炯有神	怒发冲冠	一目十行	一日千里
百发百中	一步登天	走马观花	欢呼雀跃	扶老携幼	手舞足蹈
促膝谈心	前俯后仰	奔走相告	跋山涉水	前赴后继	张牙舞爪
专心致志	手舞足蹈	笨手笨脚	挤眉弄眼	得意忘形	喜笑颜开
呆若木鸡	悬梁刺股	守株待兔	掩耳盗铃	买椟还珠	长吁短叹
翻山越岭	鬼鬼祟祟	支支吾吾	吞吞吐吐	偷偷摸摸	踉踉跄跄
窃窃私语	喋喋不休	跃跃欲试	抱头鼠窜	盲人摸象	调兵遣将
东倒西歪	左顾右盼	垂头丧气			

186